「ぱあとなあ」の愉快な仲間たち（出会い編）

JN166505

文芸社

目次

「ぱあとなあ」の愉快な仲間たち（出会い編）

1　「ぱあとなあ」を初めて耳にした時

私は、左半身高機能障害者の宏ちゃんです。秋田県身体障害者更生訓練センターに入所して3年目に入ろうとする頃、訓練センター職員から「この施設は長く居る所ではないから、そろそろ家に帰るか他の施設へ移るか、考えろ」と言われ始めていた。私は、他の施設へ移る事は頭に無かった。どちらかと言えば家に帰りたいと思っていました。そんな時ある方に湯沢市に「クリーニングの就労」があるという話を、聞いた。早速手紙で入院していた時お世話になった優しい看護師さんにその就労について聞いてみた。すると病院の近くに就労があり、作業は病院の物をクリーニングする作業とか、だがその就労は、知的障害者の作業施設で身体障害者の私では、入れないと聞き期待していた望みが、もろくも崩れてしまっていた。

あれは、平成15年の秋頃のことでした。秋田市の障害者更生訓練センターでセンターの課長が、何処かの会合に出かけそこで湯沢市に障害者のための施設が出来るという話と資料を、持って帰ってきた。早速興味のあるセンター利用者に話と資料を、見せてくれました。話を聞きますと県南に初めて出来るという身体障害者のための施設のようです。施設の中には、就労部通所養護部ホーム部（アパート）、それに老人デイサービス部全て身体が不自由な方が、利用するためのもののようです。それで複合施設なのだ。

私は、早速飛びついた。興味を持ったのは、通所就労部でした。湯沢市なら家から通える距離です。資料を見ても施設の名前も湯沢市の何処に出来るのかもわからない。ただ1つ書いてあったのでわかったことは、雄勝福祉会という福祉法人が作るようです。課長に聞いても、資料を見ても、わかったのはそれだけでした。それからというもの私の望みがまた復活し、どんな施設なのか、就労はどんな作業をするのか、湯沢市の何処に出来るのか、知りたい情報が、次々と頭の中を駆け巡るようになってきました。それでセンターの課長や職員に聞いてみましたが「わからない。知っている事は、あの時皆教えたはずだ。それ以上の事はわからない、情報は入っていない」「情報が入ったらすぐに教えるから、それまでうるさくしないで待ってろ」と言われ、それでも知りたくてイライラが続いた。それで思い切って職員に「知りたいので調べてください」とお願いしたら、「向こうから連絡があるまで待ってろう」と相手にしてくれない。「利用者の知りたい事を調べてくれるのも職員の仕事でしょ」と言うと職員が、頭に来たのか「そんなに知りたきゃあ自分で調べろ」と言い放った。今度は私が「自分で独自に調べて良いんだな」「わかった調べる」と言って、職員との話し合いは終わりました。それで今度は、湯沢市の事なら増田町役場の福祉課なら何か情報が入っているのではと思い、役場のお世話になった福祉課の職員に聞いてみたが、「よその市町村の事なのでわからないし情報も入っていない」と言われこれもわからずじまいで、今度は私が入院していた病院の看護師さんに聞いてみたが、やはり「わからない」との答えでした。そんな事をしている内に何もわからずに平成15年も終わってしまった。翌年平成16年春、資料に雄勝福祉会が行なう施設なので、雄勝町役場福祉課がわからないはずはないと確信して、雄勝町役場福祉課宛てに情報提供のお願いの手紙を書いて送った。だが待てど待てど返事は来ない。平成16年度の暑い夏が来ても情報提供の返事はまだ来ない、あきらめ気分になりかけてきました。そしてついに待ちに待った情報提供の手紙が、私に届きました。

2　「ぱあとなあ」との出会い

情報が、届いたのは8月に入ってからでした。雄勝町役場に出したはずの手紙でしたが、手紙が来たのは、雄勝町にある愛光園の職員AMさんからでした。手紙には、雄勝町役場から愛光園に届けられたので情報を提供しますと、説明会で使ったという資料が届きました。その資料に施設の名前が、障害者複合施設「ぱあとなあ」とありました。施設の名前を知ってから私は、湯沢の施設と言っていたのを、「ぱあとなあ」と言うようになりました。

資料を見ますと、ホーム（アパート経営）の部と通所就労の部、通所介護の部、そして老人のデイサービスの部に分かれていました。募集人数はホームで10名、通所就労で20名とあり、就労作業は喫茶店経営とパンクッキーを焼き、喫茶店でお客さんに提供する。また障害に応じて軽作業とありました。

私はホームに入る気持ちはなく、通所就労の部にだけ興味がありました。募集人数20名が、気になってきました。建設予定地の地図も載っていた。施設の建設予定地は、湯沢インター近くとわかり、センターの連休に家に帰った時、従兄弟に連れられ建設予定地を見学に行ったら、まだその時は田んぼを埋め立てた新地でした。資料が届いた事を職員に伝えたら、「届いた資料を見せてくれ、コピーも取らせてくれ」と言って資料を持っていってしまったのです。資料は、後で返してくれました。職員もチャッカリしているものだ。資料を見ても平成17年4月1日より開所したいとあり何時から入所募集なのか記載されていませんでした。募集開始時期に遅れてしまうと「ぱあとなあ」に入れないかもしれない。大変だと思い早速AMさんに資料の提供のお礼を兼ねて募集日を、自分が「ぱあとなあ」にお世話になりたいと意志表示と共に質問してみた。しばらくしてAMさんより手紙が届き「まだ募集はしていないが、年度末から平成17年2月頃に面接をして、採用を決める」内容でした。

私は焦ってきた。募集するのは、訓練センターだけではなく、県南地域すべてでしょうから、県南だけでも何十人もの障害者がいるはずです。秋田市にいる私が出遅れると「ぱあとなあ」に入れないかもしれない。そこで職員に相談して私が「ぱあとなあ」に入りたい事をＡＭさんにお願いしてくれと頼んだ。が、なかなか職員は動いてくれそうもないので、思い切ってＡＭさんに通所として「ぱあとなあ」の就労部を利用したいと、手紙を書いて出しておいた。センターで雄勝町の愛光園という養護施設の見学計画があったので、ＡＭさんにお会いできると思って「お前は養護施設に入るような障害者じゃあない」と言われながらも、頼み込んで一緒に参加させてもらった。

雨の日愛光園に見学に行ったら丁度「ぱあとなあ」の説明会が、開かれるというのでその会に参加させていただいた。スライドを使っての具体的な説明を、聞く事が出来た。質問も受け付けるという事で自己紹介を兼ね質問してみた。「通所は送迎してくれるか、送迎にお金がいくら掛かるのか、『ぱあとなあ』利用にあたり利用料はいくらになるか」と質問してみたら、ＡＭさんより「利用料に付いては、送迎費用含めて市町村が決めるので、今ははっきり言えないが、訓練センターで支払っていた利用料以上に高くならないと思う」と答えてくれた。お金の事で悩んでいたのが、１つ解決しました。愛光園より帰りの車の中で職員のＴさんに「思いっきり自己ピーアールしたね、満足したか」と言われ、「これで俺を、ぱあとなあで使ってくれるかなあ」と言うと、「あれだけ言えば大丈夫だよ」と言ってくれた。

ついに2月センターに、「ぱあとなあ」の職員ＡＭさんが面接にきてくれた。センターの課長立会いの下、面接が始まった。簡単な質問を受けてそれに答えて面接を受けたのは、私を含めて5人。面接結果は、後日連絡すると言ってAMさんは帰られた。雪解けが、始まった頃センターに「ぱあとなあ」より4月1日より開所しますとの手紙が私に届き、私の「ぱあとなあ」の就労部通所利用が出来る事になりました。希望が叶い嬉しかった。それからしばらくして4月1日の開所までに家庭復帰するため秋田県身体障害者更生訓練センターを終了する事を、訓練センターの職員と一緒に計画し考えるようになりましました。平成17年3月末、秋田県身体障害者更生訓練センターの仲間や職員に見送られ終了して家に帰りました。

3　初めて見た「ぱあとなあ」

雪も解け始めた春、「ぱあとなあ」より施設が出来上がったので見学をしてもよいと訓練センターに通知があったので、早速見学させていただく事にしました。「ぱあとなあ」利用予定の仲間とセンターの車に分乗して秋田道を使って、湯沢市のインターで降りるとすぐに複合施設「ぱあとなあ」の建物がありました。早速車から降りて「ぱあとなあ」の建物の中へ入ると、ＡＭさんと女性職員の方が私達を迎えてくれました。

早速建物の中を、説明しながら案内してくれました。ここが喫茶店、大きなカウンターがあり、裏には流し台があり（ここで洗物をするんだな)、こちらがパン工房(とても狭い部屋に感じた)、部屋の中に大きな電気窯(これでパンを焼くんだな)それと大きな冷蔵庫、その横にソフトクリームを作る機械。聞くと夏場は喫茶店でソフトクリームも置くつもり(アイスキャンデーも置く計画とか)、隣の少し大きい部屋は、軽作業をする作業場とか。「障害に応じて軽作業を考えた仕事は、あります」と言ってくれた。ここ(事務所隣)が食堂、こちらがロッカー室、向かいが老人のデイサービス室医務室、「看護師さんがいるから、身体の事は相談してね」。こちらの部屋が通所介護の部屋、「ここへ来る子は、あなたがたより重い障害者よ」と説明しながら案内してくれた。

今度は、エレベーターで2階に上がり、ホームことアパートの1室を見せてくれた。部屋に入ると流し台があり、台の上には電気コンロがありました。

「ここのアパートは、皆暖房もお風呂も全部電気を使って、火は危ないから使わないの」と説明してくれました。トイレがあり、お風呂場があり、全て障害者用に作られていました。ベッドも備えられ大きなガラスの窓を開けると、ベランダに出られる。とても明るい部屋に見えました。アパートの部屋が、10室ほど並んでいました。洗濯場もあり、数台の洗濯機もありました。娯楽用のテーブルを置いたホールもありました。一番気に入ったのは、エレベーターが付いている事。これなら車いすの方でも、2階のアパートに住める。部屋の入り口には、もう入所予定の方の名前が、表札のように付いていました。

私もこのアパートに住んでみたく思いながらエレベーターで下に

下りてくると、喫茶店のテーブルに座り、喫茶店でお客さんに出す予定のコーヒーとパンをご馳走してくれました。今度私がここでこのパンを焼くのかと思いながら頂きました。とても美味しく感じた。そうしている処へ「ぱあとなあ」の栄養士さんが、1人1人に好きな食べ物や嫌いな食べ物を聞いて回っていました。私の番になり「貴方は、好きな物・嫌いな物・食べてはいけない物ありますか」と聞いてきたので、「私には、好き嫌いはないので出された物は何でも食べます。出来る事なら私の食べるテーブルに醤油を置いていてくれると助かります」と言うと、側にいたセンターの職員が「この人は、おかずがおぼれるくらい醤油を掛けて困っているの」と栄養士さんに言い出した。「それは大変、塩分の取りすぎに注意をしないとね」と言って次の人の所へ行きました。

タバコが吸いたくなり、ＡＭさんに「タバコの吸える喫煙場所ありませんか」と聞くと、「『ぱあとなあ』敷地内は禁煙です」と言われたものでがっかりした。そこへ役場の福祉課よりＥさんとケアーマネジャーのＳさん２人が「ぱあとなあ」を見学しに来ていた。Ｅさんが「宏作さん。全て禁煙なんてとても健康的な『ぱあとなあ』で良かったね」なんて笑いながら言ってくる。そうするとＡＭさんが「この灰皿３千円」と言いながら喫茶店の外に置いてあるテーブルの上に置き、ＡＭさんがポケットからタバコを取り出し吸い始めた。「何だいＡＭさん、おどかして」と言いながら、私もタバコを取り出して吸いました。

見学も終わり、国道13号線のお店で昼食を取りました。食べたのは十文字ラーメン。その後は、職員が私が家庭復帰しても大丈夫か、私の家の視察写真を撮っていきました。そのまま私も乗って十文字インターより秋田自動車道に乗り秋田市の訓練センターに戻りました。センターに戻って「ぱあとなあ」に入る仲間とこれからの生活を、夢と希望を入れて話し合ったものでした。

そんな事をしてる間に3月も末となり、いよいよ訓練センターに今まで大変お世話になり、数多くの思い出をお土産に持ってセンターを修了しました。家に帰り、そして4月1日になり「ぱあとなあ」より朝9時30分に迎えの車が来てくれました。その車に乗って「ぱあとなあ」に着きました。今日からは私は、「ぱあとなあ」就労部の利用者として、「ぱあとなあ」の玄関をくぐりました。

4　「ぱあとなあ」の楽しい仲間たち

元気で走り回っていた健常者だった頃の私が、突然頭の病気で左半身高機能障害者になり、身体障害者の仲間入りをして、以前とは違った仲間が出来ました。秋田県身体障害者更生訓練センターの仲間から、今度は湯沢市の複合施設「ぱあとなあ」での楽しく愉快な仲間と出会う事が出来ました。この世の中には、人の生活の道には、一般の健常者の道と障害者には障害者福祉という道があり、その道を生まれながらにして歩いてきた子や、道半ばにして福祉の道を歩かざるをえなくなった者が交差する交差点が、「ぱあとなあ」でした。その交差点で出会いが繰り広げられる。辛い障害に負けず明るく元気な楽しい仲間を、紹介しましょう。

まず初めに私と同じ半身障害者のタダさん、彼はお酒が好きで特にビールに目がないと言います。ヤマさん、彼はカラオケで歌うのが好きで特に演歌がとっても上手です。キムさん、彼はいつものものがで、野球の帽子が好きなのか、いつも気に入った野球帽子を被って手放さない。ノブさん、彼は上肢重度障害者で言葉の障害も抱えている。会話はトーキングボードを使って自分の意思を伝える。彼は、手の代わりに足を使い、上手に折り紙を折る。私の手より器用な足を持っているノブさん。タちゃんは、いつも元気で明るい青年です。ミツさん、彼は小さい頃小児麻痺で、足を少し引きずって歩く障害を抱えている。ユウさんは就労部の長老で、下肢高機能障害者で車いすに乗り2階のホームから下りてくる。元気な頃大工さんだったので、仲間によく家の建て方の話を面白可笑しく話をしてくれる。ホームからショウさん、彼女は半身高機能障害者で車いすに乗り、秋田で生まれているのに使う言葉は京都弁、時には大阪弁、またある時は名古屋弁、いろいろな地方の言葉を使うもので秋田弁を忘れてしまっている。ホームから下肢重度障害者のコズちゃん、彼女は頑張り屋で自炊生活をして自立している。ホームから若い彼女は、笑顔の素敵なケイちゃん。若いと言えば光り物アクセサリーが好きでいつも身に付けておしゃれなサキちゃん、彼女もカラオケが好きでレパートリーが多く歌うのが好きだ。彼女と仲良しのヨシ君、彼は下肢重度障害者で電動車いすに乗って動き回っている。ミナちゃんは下肢高機能障害者で車いすに乗り、歌が好きで大きな声で歌う。とても素直でジャイアンツファンで、大相撲が大好きな笑顔が可愛い女の子です。ナオちゃんは下肢重度障害者で、車いすに乗って動く時には、車いすから降りてはいはいして動き回る事もある。おしゃべりが好きで、いつも仲間に話し掛けている甘えん坊の少女です。後から仲間に加わったノブアさんは、半身高機能障害者で、時にはすっとぼけた事を言い出す。人の名前を覚えるのが苦手で思いついた言葉で人を呼んでいる。カズ君は下肢重度障害者で、車いすに震える足と手で頑張って乗っている。ヨウさん、彼女は私達仲間で旦那さんがいて、夫婦生活が充実していてとても幸福のようです。私と同じ半身高機能障害者のノグさんは、炊事洗濯なんでもこなし、家を守って行くには自立しなければだめだと言って頑張っている。ヒロさんは下肢障害者で、車いすに乗り頑張っている。彼はあまり話をしないもの静かな男ですが、私と同じように野球が大好きでプロ野球のヤクルトのファンです。プロ野球の話になると話に加わってくる。障害箇所も障害度もバラバラで年もバラバラ、性格もバラバラな20名が、「ぱあとなあ」就労部に集まった。

目的は皆さん同じで、障害者だからといって何もしないで家にいると家族に難儀ばかり掛ける事になるし、人と会話をしないと寂しくなり次第に家庭も暗くなってくる、自分のせいでなる事を知っている。だから外に出て何かをしたいと思っていた処に、「ぱあとなあ」の話が出てきた。身体障害者でも「ぱあとなあ」では、出来る事があり、自分と同じ仲間もいる。話し相手も出来る。こんな思いもまた同じで、楽しく会話をしながら作業をしている。

毎朝「ぱあとなあ」の玄関に入ると仲間は、皆大きな声で「おはようございます」と、朝の挨拶を交わす事から1日が始まる。個性豊かで強い就労部の仲間ですが、笑顔でつながり合っている。これも仲間に負けないほど個性の強い就労部の明るく元気な職員のリーダーシップのお陰です。就労部の仲間は、これでも障害度は軽い方で「ぱあとなあ」には通所療護部があります。療護部に来る障害者の子は、皆重度の障害を抱えている。自分で車いすを動かせるならよいが、動かす事が出来ない、話をする事も出来ない子が、通所として「ぱあとなあ」に来ています。

「どんどんぱんぱんどんどんぱんぱ」とカズエちゃんが歌っている今日は、機嫌がよさそうだ。カコちゃん、ユウ君達が、職員と一緒に笑っている。リハビリをしているようだ。老人デイサービスの部屋では、認知症のお年寄りが、お茶を飲みながら職員と何かお話をしている。何処へ行くにも職員が、付いて歩いている。喫茶店「ふれんどり」に来られ、コーヒーを飲んでくれている事もあります。「ぱあとなあ」は、身体の不自由な方全てが仲間で、楽しい仲間と1日楽しく明るく過ごせる施設です。

5　「ぱあとなあ」就労部初仕事

「ぱあとなあ」就労部での初作業は、希望していたパン焼き工房での作業でした。白衣の作業着を着て帽子を被り、マスクを付け手袋をはめいざ窯場へ。発酵したパンの生地を、14個から16個載せた鉄板のお盆は片手で持つには重すぎる。それをパン焼き窯の中へ入れ焼き上がりを待ち、焼き上がったら窯の中へ片手を入れ、焼き上がったパンのお盆を引っ張り出す。ここで時間を掛けすぎると火傷をしてしまう。重く熱いパンの載った鉄板を、冷却台に載せる。ここまでが、パン焼き作業の一連の作業動作。パンが冷めたら袋詰めする。薄いビニールの袋に片手で入れるには無理がある。やはり手は両手がないと仕事にならない。しかたなくノグさんと2人で片手ずつの手を、使い両手にして袋詰め作業をへて、喫茶店「ふれんどり」のカウンターに並べられお客さんに買っていただいた。

焼いているパンの種類は、あんパン、クリームパン、メロンパン、チョコパン、クロワッサン、バターロールパンなど数10種類でした。その中でお客さんに人気があったのは、メロンパンでした。パンは、カウンターの上に並べ、お客さんに直接選んで買っていただく。それを陰から見ていると、とてもありがたく嬉しいものです。喫茶店「ふれんどり」では、ケイちゃん、コズちゃん、サキちゃんが交代でお店に立ち、お客さんの注文により台車にコーヒーなど注文の品を載せ、お客さんのテーブルまで運ぶ。車いすのコズちゃんも上手に運んでいる。出来ない部分は、職員にお願いするとやってくれた。

ある時ケイちゃんが、お客さんがメロンパンが美味しいと言うので食べたくなり、職員に「私もメロンパンを食べてみたい」と泣きついた。職員が私達に「ケイちゃんがメロンパンを食べたいと泣くから、ケイちゃんの分のメロンパン1個多めに焼いてね」と言ってきた事があった。私達もメロンパンを焼いてはいるが、まだ食べた事がないのです。パン焼きはとても大変で、重いパンを載せた鉄板を片手で持って歩くのは大変なのです。下手にバランスを崩してパンを落としてしまったら、もう売り物にならない。ただでさえまともに歩けない私のような片方の手足の障害を抱えた身体障害者には、難しく向かない作業かもしれないなどと考えるようになってきた頃、タイミングよく保健所より衛生指導で、作業場と外を歩く履物は別のものにしなさいとの指導があり、この指導により作業場はサンダルに履き替える事になった。この私のように左足に補装具を付けていると、サンダルなど履いては歩けなくなってしまう。私のような身体障害者には合わない作業とわかり、軽作業の方へ回してもらいました。私と一緒にパン焼き作業をしていたノグさんも私と同じ身体障害者2人とも軽作業の方へ回りました。代わってヤマさんという手も足も自由に動かせる障害者の方が、パン焼き作業に配属され頑張っています。

その頃の軽作業は、リサイクル業者よりCD解体分別の作業が入っていました。この作業は片手でも出来る作業で、ノブさんは足でCDの分別作業を頑張っていました。パン焼き作業は難儀で、軽作業は楽という事ではないが、仲間と会話をしながら楽しく作業が出来ました。次第に軽作業の方もポリパックを行なうようになりました。訓練センターにいた頃は、作業訓練で商品を「フルーツキャップ」と言っていました。ポリパックを2つ折りたたみ、梱包作業や院内の温泉よりタオルの折りたたみ作業や、靴の一部作業と仕事の種類が増えていきました。両手が使える方もいますが、私のように片手しか使えない人、ノブさんのように両手が使えず両足を手代わりに使って作業をする、「ぱあとなあ」就労部仲間20人でそれぞれの動いて使える体の部分で作業を進め、楽しく作業をしています。

6 「ぱあとなあ」の初めての行事（観桜会）

雪が解け、雪深い湯沢市の町にも春が訪れ、桜の花も咲きました。「ぱあとなあ」でも花見をしようと春の行事が計画され、場所は愛宕公園の桜の花を見に行き、宴は「ぱあとなあ」の喫茶店「ふれんどり」で行なう事になりました。複合施設「ぱあとなあ」が開所して初めての外での行事でした。「ぱあとなあ」利用者、就労部通所療護、それにホームの方々、皆障害者仲間それぞれ職員の運転で車に分乗して愛宕公園に行きました。公園の桜は真っ盛りで、散り初めている桜もありました。公園の芝生にシートを敷き、座れる者はシートに座り、車いすの者は周りに座り、皆で公園の桜の花を見ながら団子を食べジュースを飲みました。面白いもので、こういう行事があると誰と誰が仲良しで、この人はこんな行動を取るんだと、思わぬ処で見えてくる。

ホームの電動いすのアケさんと普通の車いすのツカさん、ツカさんの車いすを押して歩くケイちゃん。３人仲良しのようで、おしゃべりをしながら公園を散策している。３人とも出身地はバラバラ、出た施設もバラバラ。共通している点は年が近いことかな。そして同じホーム仲間、お互い助け合っているような、仲良し３人娘の障害者を見る事が出来ました。タダさんは歩くのが嫌だと車から降りず、車の窓から公園の桜を見て「ぱあとなあ」へ帰ってきてしまった。喫茶店に帰ってきてすぐに宴の始まり。花見の料理を厨房の皆さんが美味しく作ってくれ、お酒、ジュースそれぞれ好きな飲み物で料理を味わった。

初めに施設長の乾杯で宴が始まったが、乾杯から数分おかずに、タダさんの缶ビール2本が飲み干されていました。タダさんはビール好きで、少しずつ飲んでいられない気性である事がわかった。私も2本のお酒を、チビリチビリ飲みながら料理を頂いた。ここでカラオケが出てきた。よし宴を盛り上げるために私が1番にカラオケを歌おうと思い、手を上げ「吉幾三の『酒よ』お願いします」と言ったら、ショウさんがまた歌うのっていうような顔をしていた。私が歌い終わると、ヤマさん、サキちゃん、そこへミナちゃんもマイクを持った。3人ともカラオケ好きで次から次へと交代で歌い続ける。またそれが、上手いものだ。私はこの3人の前に歌っていて良かったと思いました。私にはマイクが回ってこなくなりました。

宴で元気なのは就労部の仲間で、料理を食べ、お酒を飲み、おしゃべりに花を咲かせにぎやかでした。通所療護の仲間は、料理を職員に食べさせてもらい、お話をする事もなく静かでした。それでも皆ニコニコ笑顔でしたから、それなりに楽しいんだなあと見ていてほっとしました。仲間のいろいろな面白い面を見る事の出来た、春一番の「ぱあとなあ」の外での行事、観桜会でした。

7　「ぱあとなあ」の行事（紅葉狩り／芋煮会）

「ぱあとなあ」の秋の行事として紅葉狩り兼芋煮会を、少し離れた場所の皆瀬村のとことん山へ行ってやる事になりました。皆瀬村は、タダさんとノブアさんの生まれ育った村で温泉地です。就労部通所介護車に分乗して出かけました。利用者の皆さんは久しぶりの車での外出とあって、参加者はニコニコ顔で楽しそうでした。とことん山は、冬になるとスキー場に変わります。芋煮会をやるロッジに、歩ける者は自力で歩き、車いすの者は職員に押してもらって介助され中へ入りました。

張り切っていたノグさんは、早々と袋から缶ビールを取り出し、「乾杯」と言って飲み始めていました。今度は、タダさんが自分の持ってきた袋からビールを出してきました。それを看護師のＡＫさんに見つかり、「よこしなさい」「いやだ」と言い争っていました。が、結局ＡＫさんに「没収」と言われ取り上げられていました。見つかった相手が悪すぎました。タダさんはしょんぼりしていました。

芋煮会が始まり、皆に希望していた飲み物が配られ、芋煮も配られました。施設長の乾杯の合図で飲み食いが始まりました。皆で食べる芋の子汁は、とても美味しいものです。職員も一緒に芋の子汁を食べ、通所療護の仲間にも食べさせながら忙しく動いていました。私達は芋の子汁を食べ、お酒を飲み、窓から広がる皆瀬村の紅葉は少し早かったかななどと話をしていると、元気だったノグさんが何か調子が悪そうに床に横になり眠り始めました。大分飲んだようです。

時間も経ち、帰る事になりました。それぞれ車に乗ってとことん山を下りた所で、タダさんの顔色が悪くなってきました。聞くと「トイレに行きたい。我慢していた」と言っていました。限界のようです。急遽トイレに寄る事になり、トイレ休憩して「ぱあとなあ」に戻ってきました。そんな事があってから「ぱあとなあ」の行事では、お酒ならワンカップ1本、缶ビールなら普通缶1本と決められ、持込禁止になりました。特に就労部の利用者は問題を起こすからと、監視の目が厳しくなってしまいました。

8　秋田県障害者スポーツ大会

いよいよ秋田県障害者スポーツ大会まで、1週間と近づいてきました。「ぱあとなあ」からも仲間のノグさん、コズちゃん、ミナちゃん、そして私が参加する予定でした。

その頃私は、夜になると肩のあたりが痒く、触ってみると沢山の小さな疣《イボ》が出ているようでした。「ぱあとなあ」の医務室でAK看護師さんに見ていただいたら「これは帯状疱疹かもしれない、すぐ病院の皮膚科に行って診てもらいなさい」と言われました。大会に出たかった事もあり、翌日に病院へ行き、皮膚科で診ていただきました。皮膚科の先生は、「帯状疱疹です。入院して点滴をすればすぐ治りますよ」と言いましたが、「入院はだめです。もうすぐ障害者スポーツ大会があるので出場したいんです」と言いました。「無理して出ない方がいいと思いますよ」「飲み薬と塗り薬出しますから、毎日朝夕忘れずに使いなさい」と言われ、薬を貰って帰ってきました。

翌日「ぱあとなあ」に来てAK看護師さんに病院の先生に言われた事を報告したら、「やっぱり帯状疱疹だったか、スポーツ大会は諦めなさい。大会は来年もあるんだから、無理しないで」と言われました。で私は、「痛くないし熱もないから大丈夫」と言うと「だめ。この事を役場のEさんに連絡しておくから恨むなら私を恨んでね」と言うのでした。「余計な事をしゃべるなよ」と言って医務室を出ました。

それからなんだか嫌な予感がしてきました。大会前日の「ぱあとなあ」から家に帰った午後4時頃、役場のEさんから電話がありました。「帯状疱疹になったって？　スポーツ大会には連れて行かない。明日は家でおとなしく寝てなさい」と言ってきたのです。「痛くないし大丈夫。明日は、役場前に時間通りに行くから」と言うと「来てもバスに乗せないから、乗せないように社共の方へ連絡しておく、恨むなら私を恨みなさい」と言って電話が切れました。しばらくするとEさんより今度は、私の母に電話がありました。母に「貴方の息子は、今大変な病気にかかっている。それなのにスポーツ大会に出ると言っているので、明日は外に出さないように注意して見ていてください」と電話で言ってきたのです。ここまでされると、明日は静かに家にいる以外ありません。泣く泣くスポーツ大会を諦める事にしました。私にとって、スポーツ大会を諦めたのは2回目です。最初は訓練センターにいる頃、足の水虫を悪化させて熱を出したため、連れて行ってもらえなかったのです。その時もショックでした。

前回の障害者スポーツ大会が終わった次の日の朝「ぱあとなあ」に行くと、喫茶店の準備をしていたコズちゃんが、車いすの後ろのポケットから、スポーツ大会の金メダルを私にちらつかせながら見せニッコリ笑いました。コズちゃんは、車いす100m競争で取ったと言っていました。就労の作業場に入って行くと、ノグさんが

「銀メダル取ったよ。お前来ないで残念だったなあ」「でもお前が出ても、金メダルは、取れなかったよ。それほどこの大会はレベルが高かったよ」と言いました。ノグさんは、ソフトボール投げに出場してたのです。そこへミナちゃんも来て「私も金メダル取ったよ」と明るい声で教えてくれました。「病院のリハビリで、SK先生にソフトボール投げの特訓をしてもらったから」と喜んでいました。「ぱあとなあ」から参加した仲間は皆大会で頑張ったとみえ、全員メダルのお土産を持ってきていました。私も帯状疱疹にならなければメダルを取れたのに。悔しい。今さら自分に腹を立てても仕方ありません。それからしばらくは作業をしながら、スポーツ大会で活躍した話で盛り上がっていました。私がその話に加わると、「帯状疱疹」と馬鹿にされ、辛くなるだけでした。スポーツ大会への参加は、私が初めに言い出し、皆に声を掛けたのです。「障害者だからと言って小さくなっていないで、何でもいいから挑戦してみようよ」「スポーツ大会に参加してみようよ」と言うと、「どんな種目に出ればいいの」と言ってきたので「簡単だよ。貴方は人生を投げているからソフトボール投げが良いよ」などと、笑いながら話をしていたのです。笑えなくなったのは私だけでした。ノグさん、コズちゃん、ミナちゃんは、３人とも明るい声で話をするようになり、笑顔が絶えません。障害者も、何か1つ成し遂げるとそれが自信になり、明るく活発になるもんだと知りました。

翌年も秋田県障害者スポーツ大会に出ようと言ったのですが、３人とも、去年メダルを取ったので満足したのか、前年度大会があまりにも暑い日に行なわれたもので、３人とも暑い暑いと辛かった事を言っていたからそのせいなのか、「参加しない」と言い出しました。私は「今年こそ体調を万全にして参加する」と3人に宣言しました。「俺は出ないが、俺達の分まで頑張ってこいよ」とノグさん。「金メダルを、必ず貰ってこいよ」とコズちゃん、ミナちゃん。私は「そんなにプレッシャー掛けるなよ」と言って笑い合いました。「ノグさん、ボール投げの練習をしたいから、犬をやってくれないか」と頼むと、ノグさんが引き受けてくれました。早速昼休みに「ぱあとなあ」の駐車場でソフトボール投げの練習を始めました。私が投げてノグさんが拾い、私に転がして返してよこす。また私が投げる。そうしていると、職員のSTさんも犬として手伝ってくれました。練習の甲斐あって、今度は私の体調も良く、いよいよ大会前日の夜ミナちゃんから電話で「ぱあとなあで頑張ってと言わなかったから頑張ってね」とエールを伝えてきてくれた。私は、「うん頑張ってくる。帰ってきたら結果を連絡するね」と言うと「うん待ってる」と会話をして終わりました。

翌日の朝、増田町役場前から役場のバスで増田町の障害者協会の方々と大会会場へ向かいました。大会当日は晴れてとても暑く、日陰の無いグランドは、厳しいものがありました。いよいよ私の競技の出番。練習で出したくらいの距離を出せるように、ソフトボールに願いを込めて思いっきり投げました。結果は金メダル。内心ほっとしました。これなら「ぱあとなあ」の仲間に報告できる。増田町の障害者協会の方々にも喜んでいただき、家に帰ってきました。家に帰って早速ミナちゃんに電話し「金メダル取ってきたよ」と報告しました。「わあ金メダル凄い。火曜日ぱあとなあでメダル見せてね、おめでとう」と言ってくれました。「ありがとう。火曜日ぱあとなあにメダル持っていくから」「うん」と言って電話を切りました。

火曜日に「ぱあとなあ」に行くと、ノグさんは私が金メダルを取った事を知っていました。「どうして知っているの」と聞くと、「ミナちゃんから電話があって教えてもらった」と言いました。ミナちゃんが連絡してくれてたんだとわかりました。「ぱあとなあ」の仲間に、「金メダルは無理だと思っていたけれど、よく頑張って金メダル取ったな。おめでとう」「頑張った頑張った」と笑顔で喜んでもらいました。仲間に喜んでもらうと自分も嬉しくなり、改めて金メダルを取れて本当に良かったと思いました。口では「無理無理」と言っていた仲間も、私を応援してくれていた事に感謝しました。改めて私には素晴らしい仲間がいる事を、知りました。

9　「ぱあとなあ」の行事（忘年会）

「ぱあとなあ」も忘年会を迎え、1年も終わりです。今年もいろいろな事がありました。春初めには秋田市の訓練センターから家に帰り、ここ「ぱあとなあ」の就労部にお世話になりました。毎日仲間と楽しく作業をさせていただき、忘年会を迎える季節になりました。施設長の乾杯で「ぱあとなあ」の忘年会が始まりました。職員が中心になってかくし芸を披露してくれました。芸達者な職員が多く私達利用者を楽しませてくれました。職員による手品もありましたが、最もウケたのは、二人羽織りでのお化粧でした。顔一杯に口紅を塗られて笑った顔は気持ち悪く、利用者の女の子は、「ＳＴさん口紅濃い」と大喜びでした。施設長を中心に、水戸黄門の劇も飛び出しました。そういえば、養護施設や老人ホーム系の福祉職員は、芸達者の方が多いものです。沢山の料理と職員のかくし芸で楽しませてくれました。私達利用者が家に帰った後、職員でこの忘年会のために大分練習をしたようです。私もコーラス部で仲間と一緒にピアノに合わせて「翼をください」「上を向いて歩こう」「ふるさと」を披露しました。タダさんが、乾杯用のシャンペンの残りを全部飲み干し、割り当ての缶ビールも飲み、歩けなくなって車いすに乗せていただき、押してもらっていました。その後、1人でトイレに行き車いすから落ちてしまったのです。慌てた職員が、タダさんの側で「頭をぶつけなかったか、痛い所ないか」としきりに聞いていました。足にアルコールが効いてたのでしょうか、私達は、少しの酒で簡単に酔ってしまいます。翌日タダさんは、顔中あざだらけになって「ぱあとなあ」に来ました。聞くと、あれから家に帰りまた酒を飲み、今度は家で転び顔を擦りむいたとの事でした。「俺達は、安上がりなものだ。少しの酒で昔の1升分ぐらい酔えるんだから」と言うと、タダさんは笑っていました。職員は、「これだから困る。もう行事には、酒は出さない事にします。特に就労部には、問題児がいるのでそのようにします」と言い出しました。「俺達は、問題起こしていないよ」と言うと、「聞く耳は持ちません」と就労部の職員に逃げられました。普段でも身体のバランスが取れず動けないのに、アルコールが身体に入るとますますバランスが取れない。だから一寸した事で転んでしまうのです。麻痺側に転んだら大変です。

まともに転び、頭を打ったり、麻痺側の腕を骨折したりします。以前そんな怪我をした方を見てきました。良い方に転ぶのなら、良い方の手が身体をついて守ってくれますので、大きな怪我を防ぐことができます。転び方が上手だったのか、タダさんに大きな怪我がなくて良かったと思いました。

10　「ぱあとなあ」の仲間の風呂場での事故

今年の冬は、例年に無く大雪で寒さも続きました。そんな冬に私と同じ左半身障害のノグさんに、事故が起きました。が、ノグさんは「ぱあとなあ」の就労部では一番自立した生活をしている方で、会社に勤めるサラリーマンの息子さんとの2人暮らしです。ノグさんは毎日自分で食事の準備をし、「ぱあとなあ」に来ているそうです。

その日彼は「ぱあとなあ」から家に帰って、晩ご飯の準備をしたそうです。息子さんは遅いので、自分が先にご飯を済ませ、お風呂を沸かしお風呂に入ったそうです。風呂場のタイルで足を滑らせ転んでしまったのです。運悪く転んだ弾みで風呂場の入り口のガラス戸に左腕をぶつけてしまい、ガラスを割ってしまいました。その時ガラスで腕を20針も縫うような大怪我をしてしまいました。

血だらけになりながら携帯電話で隣の家に電話をし、助けを求めました。隣の家の方がすぐに来てくれ、「これは、大変」と救急車を呼んでくれました。救急車で病院へ行き、病院で腕を20針も縫ったそうです。隣の家の方は、息子さんにも連絡してくれたので、病院にすぐ駆けつけて来てくれたそうです。入院するほどではないというので、息子さんに連れられ家に帰ってきたそうです。糸が取れるまでという事で、彼は「ぱあとなあ」を2週間ほど休みました。怪我も回復して「ぱあとなあ」に来る事ができるようになりました。

私達のような障害者は、生活上、何処で何があるかわかりません。「怪我や病気になった時は、すぐに連絡が取れ、駆けつけていただけるよう、日頃から隣近所の方々との付き合いを大切にしなければならない」という事を、教えられました。

11　障害者自立支援法って何

平成18年4月1日より施行された障害者自立支援法って何でしょ

う。私達障害者にとって大きな問題となりました。障害者自立支援法で言っている障害者とは、身体障害者、知的障害者、精神障害者の3つをまとめて言っているが、それぞれ違う苦しみのあるものだと思います。

障害者福祉の大きな転換期となったのは、2005年4月でした。平成17年度の冬から数回の説明会が「ぱあとなあ」で開かれましたが、何度聞いても私達障害者の負担が増える事ばかりで、自立するためのプラスになる事柄が聞かれませんでした。今まで障害者福祉に守られすぎていたのかもしれませんが、障害者の収入は2ヶ月に一度支給される障害者年金です。そのわずかな収入しかありません。他に収入を得ようにも障害者を使ってくれる事業所などありません。健常者ですら仕事の無い時期です。ましてや手足が不自由な障害者の出来る仕事など限られています。そこで頼るのが障害者のための就労施設ですが、その就労施設も福祉施設ですから、利用すると大きな負担が利用サービス料金として掛かってきます。就労施設で働いてもわずかな作業工賃にしかならないのに、数十倍の利用者負担だけが伸し掛かってくる事になりました。

その説明を聞きました。上肢機能重度障害のノブさんが、職員にトーキングボードで何かを一生懸命訴えていました。職員も何の事かわからず「何を言っているのかわかるか」と私に聞いてきました。それで私は、「多分自分の貰っている年金の範囲以内で生活していけるのか。年金が足りなくなっても、足りない分を兄貴に出してくれとは間違っても言えないから困っている。と訴えているんだよな、ノブさん」と言うとノブさんは、「うん」と答えました。障害者は、皆ノブさんと同じ考えをします。障害者は、ただでさえ家族に迷惑を掛けていると思っていますから、それにお金でも迷惑を掛けたくはありません。私も老いた父母に、自分の生活のお金まで面倒掛けたくはありません。２人ともわずかな老齢年金しか貰っていないから、お金で面倒を掛けられません。娘達もそれぞれ生活を抱えているから、お金の面倒は掛けられません。

頼れるのは、自分の障害者年金だけです。施設利用サービス料は日割計算になるので、利用日数を減らすために週に１日休日を増やしたり、昼ご飯に弁当を持ってきて昼食ご飯サービス料金を節約したりと、人それぞれ工夫して利用料金の節約に取り組んでいます。福祉サービス料金というから変に誤解した思いが生まれるのです。福祉代金として、福祉項目に代金を付けて言ってくれると、わかりやすくなります。「ぱあとなあ」の仲間で話が出ますが、これからこの障害者自立支援法はどのように変わっていくのだろうか。手足の動かない私達が自立していけるように変わっていくと良いのだけれど、逆に今より負担が増えていくようなら自立どころではなくなり、首をくくらなければならなくなる。福祉の世界の就労での障害者の仕事は、健常者の仕事と違い、実力や才能はどれだけ身体の手足が動くかが実力であり才能なのです。それによって仕事に対する収入が違ってくるのに、障害者として掛かってくる経費は同じですから、差し引くと、手足の動かない重度の、障害者には、大きく負担だけが伸し掛かってくるのです。だから秋田市にいる障害者友達も悩んでいました。親の収入によって就労施設の利用料金が大きく負担となってくるから、親に「就労施設に行かない方が、家の生活がよい」だから「家で遊んでいろ」と言われたから「今は何もしていない。もっと安い利用料の就労施設を探している」と言っていました。「ぱあとなあ」でもノグさんは利用料を減額しようと、昼ご飯に自分でお弁当を作って持ってきて食べるようになり、もっと減額しようと、利用料が日割計算のため「ぱあとなあ」の利用日数を計算して休むようになってきました。

就労に来ている仲間も、次第に減額を考えるようになってきました。初めの頃の「ぱあとなあ」就労部とは大分変わってきつつあるように感じます。これが障害者自立支援法で障害者をどうしたいのか見えてきません。障害者自立支援法のせいで、「ぱあとなあ」就労部で楽しく仲良く作業してきた仲間とさよならする事になるとは、思いもよらない事でした。障害者自立支援法で変わったのは、利用料名目で私達のお金の負担が増えたことだけです。負担が増えても支援サービス内容は、なんら変わっていません。むしろこれまで支援していただいていた事が打ち切られるサービスも出てきました。いったいこの障害者自立支援法って何でしょう。

12 「ぱあとなあ」での仲間との別れ

「ぱあとなあ」が始まって2年目、初めて仲間と別れを迎える事となりました。サキちゃんという可愛い女の子と、ヨシ君という好青年。2人とも同じ方向から来ていたので仲良しでした。平成18年になって障害者自立支援法が成立して、私達障害者の経済的負担が増えていたのは、事実です。それに合わせるかのように2人は、以前からお世話になっていた近くの障害者施設に行く事になり「ぱあとなあ」を辞める事になりました。

サキちゃんは歌の大好きな女の子で、いろいろな飾り物を身に付けては喜んでいる、元気で明るい女の子でした。「ぱあとなあ」での作業は主に喫茶店「ふれんどり」の対応ウエートレスさん。元気にお客さんに「いらっしゃいませ」と言ってるところを見ると普通の喫茶店ですが、違っていたのは障害者の女の子というところでした。ヨシ君もまた好奇心豊かな青年で、電動車いすで走り回っていました。2人が「ぱあとなあ」を去る時、仲間の皆でお別れ会を開き、最後に「今日の日はさようなら」を歌って別れました。サキちゃんもヨシ君も「ぱあとなあ」の仲間と別れるのが辛いようで、泣いていました。私達仲間も、辛く寂しい思いがしました。

いくらサキちゃんやヨシ君が、別れるのが嫌だと言っても家族、特に両親の意見が強いのだと思います。お世話になっている身の障害者としては、家族の経済的問題や生活の問題などいろいろあると思いますが、泣く泣くでも言う事を聞いていかなければならないのです。それだけ障害者は、弱い立場にいるのかもしれません。新しい障害者施設で2人とも元気で頑張っていると聞きました。「ぱあとなあ」就労部での初めてのさよならとなりました。

13　「ぱあとなあ」の小町祭り

ここ「ぱあとなあ」のある湯沢市雄勝地域には、昔から小町祭りという伝統の行事があり、6月上旬に祭りが行なわれています。その小町娘に、なんと「ぱあとなあ」の美人職員FケさんとNマさんの2人が選ばれました。2人には、「ぱあとなあ」への送迎などでとてもお世話になっています。また作業面や生活面で口うるさい時もあるけれど、2人とも優しいお嬢さんです。2人は、「ぱあとなあ」でもひときわ若く美人です。私から見たら可愛い娘さんですが。2人が小町娘に選ばれたという事で「ぱあとなあ」の職員や就労利用者は大騒ぎ。「私も昔小町娘に選ばれたんだよ」と自慢げに言い出す職員。「私も若けりゃ小町娘になれたのに」と言い出す子持ちの職員。「いくら若くたって子持ちじゃ小町娘にゃあなれないよ！」と言ったりしました。

就労利用者の娘達は、「あんな着物を着てみたい」「あんな傘を被ってみたい」と羨ましそうに小町娘姿の2人の写真を見ています。

無理かも知れません。だって車いす生活の娘達の希望を叶えるには、小町祭りに身体障害者の部門を作っていただかなければなりません。小町祭りに身体障害者の部門があるなら、「ぱあとなあ」の娘達は、間違いなく小町娘になれます。女性であれば、健常者でも障害者でも一度はなってみたい小町娘。女性の憧れ小町娘。七小町は、知の小町、勇の小町、忍の小町、希の小町、礼の小町、美の小町、そして最後に愛の小町。これらを兼ね揃えた女性が、小野小町だったのかもしれません。だからこそ憧れるのです。そんな小町を、私は今までテレビ雑誌以外で見た事がありませんでした。それで早速「ぱあとなあ」のＡＭさんにお願いし、「２人の小町娘にお願いして、お祭りを見せてください」と言いました。すると「うん考えておく。２人の小町娘にお願いしてもすぐには出来ないが、時間をくれ」と、可能性のある答えが返ってきました。そして、「ぱあとなあ」の納涼祭で登場する事になったのです。

「ぱあとなあ」の仲間も、小町祭りを実際に目の前で見た方は少なく、一度は見てみたいと楽しみにしていました。納涼祭が始まりました。放送と共に市女笠を被った綺麗な着物姿の小町娘２人が登場しました。続いてミニ小町が、静かに私達の見ている前を進んで行きました。その姿は周りが暗かった事もあり、「ぱあとなあ」に天女が舞い降りたように見えました。私だけでなく、見ているお客さんからも、「おおー」と言葉にならない感激の声が上がりました。お客さんの前に出た小町娘が、市女笠の隙間から覗かせたその顔は美しく、天女が私達に微笑んでいるようでした。天女が、市女笠を静かに取り、短冊を手に和歌を詠みました。独特のリズムで透き通った声が響き渡り、まるで天女が、私達に「障害者だからといって臆する事無く胸を張って前を向いて歩きなさい」と語りかけているように聞こえました。こうして雄勝地区で伝統的に行なわれている、小町祭りの一部を、見る事ができました。

女性が皆憧れる小町娘の魅力も、少しですがわかったような気がします。小町娘の周りには、カメラを抱えた人が大勢集っていました。小町祭りの再現が終わり、小町太鼓が続きました。よさこいそうらん踊りと続き、まるで天女が来てくれた御礼の宴のようなアトラクションが行なわれました。「ぱあとなあ」に来てくださったお客さんが皆、満足したと思います。ところで、天女の降りてきた納涼祭は閉じられました。「ぱあとなあ」の納涼祭には、近所からも私達と同じ障害者が、家族に連れられ来ていました。その事が、

「ぱあとなあ」が、地域に開かれた障害者の施設であると近所に認められてきた証拠だと感じました。「ぱあとなあ」の納涼祭が終わった翌朝から「おはようございます」「おはよう」「いらっしゃいませ！」の明るい元気な声が、「ぱあとなあ」に響き渡っていました。

14　秋田県バリアフリー社会形成審議会に参加して

日頃から私は、バリアフリーについて疑問に思っていた事があります。何気なく見ていた秋田県の情報誌に、いろいろな秋田県での審議会の委員を、公募で募集とありました。その中に、バリアフリー審議会の委員募集とあったので、早速応募要項に従い、バリアフリーについての作文を書き応募しました。内容は以前から気になっていたことを書きました。道路の歩道はなぜあんなに高くしなければならないのか、道沿いの家や商店に入るために、歩道を削り傾斜を付けています。そのため歩くのにとても辛く、車いすなど傾き、走行するため不安定で危険なほど傾斜がきつく、障害者にとって段差と同じです。障害によっては車いすも乗り方に違いがあり、傾斜のある所では障害によっては、とても危険な乗り方になり、バリアフリーから言って道路の歩道を考えてほしいと思ったからです。というような内容の作文を書き、事務局へ送りました。しばらくして事務局より、私を委員に推薦しましたとの手紙が届きました。とても嬉しかった。自分も障害者のためにお役に立てる事が出来るかもしれない、また自分で思っていたバリアフリーの事を訴える場所が出来ました。

8月に入り、審議会の日程の手紙と審議会の資料が送られてきました。審議会の日までに審議会の資料を一通り目を通したら、思わぬ事に気づきました。資料に「これから秋田県では老人が増えてくる。老人のバリアフリーという物も考えて行かなければならない」とありました。それまで私は障害者のバリアフリーだけを考えていましたから、人も年を重ねると足が弱くなってきます。下肢障害と同じ状態になってくるからバリアフリーを考えていかなければならない。「ぱあとなあ」の職員に「老人のバリアフリーってどんな風に違うかなあ」とたずねると「年を取っても動けるけれど注意力が無くなるから、段差につまずいたり、踏み外したりするから怖い」。段差を無くすのは障害者も同じですが、秋田県バリアフリー社会形成審議会が秋田県庁で行なわれる日、遅刻しないように早めに秋田県庁へ行きました。

審議会が始まり、初めに審議会委員の紹介がありました。皆さん、活躍されている肩書きのある方々ばかりでした。応募で選ばれた委員は私の他に1人で、応募委員は2人でした。その中で障害者は、私と車いす連合会の代表。事務局の進行で議長が決まり、会議が始まりました。会議室には、テレビカメラも入っていて、周りには傍聴席があり、多数の傍聴人に見られながらの会議でした。議長「バリアフリーについての意見や質問ございましたらお願いします」と言われたので、早速私が一番最初に手を上げました。議長から「高橋委員からお願いします」と言われたので、私は立ち上がり「私は、横手市から参加させていただきました髙橋宏作と言います。日頃から気になっていた事ですが、なぜあんなに道路の歩道を高くしなければならないのか」と質問を始めました。「歩道が高いために、歩道を削り傾斜を付け家やお店に入るようになります。そのため私達障害者が、傾斜を横切るように歩きます。杖歩行の私ですらとても歩きづらく、車いすの方など傾斜で斜めに傾きひっくり返るのではと、危険を感じた事があります。また交差点で歩道から車道そして歩道と、車いすの方が横断する時、車いすを両手で走行する方は前向きで横断しますが、片方の手足で車いすを走行させる方は、車道を横断してから車道で後ろ向きになり、傾斜のある歩道を登り、歩道で前向きになり走行していくととても危険を感じました。バリアフリーの観点から、最もよい高さというものがあると思いますので、検討していただけませんか」と質問して、私の質問を終わりました。

続いて参加した委員の皆さんが、順番にそれぞれのバリアフリーに対する思いを質問しました。それに対する返答も事務局から出され、最後に事務局から「髙橋委員の質問に返答しますと、このバリアフリー審議委員会では歩道を低くしますと言えませんが、髙橋委員からの質問を、建設会議がありますので、その会議に持っていって検討していただきます」と答えてくれました。私は「よろしくお願いします。ありがとうございました」と言って立ち上がり、座りました。それから事務局と委員の質疑応答があり、会議が一区切りつき、議長が「他に質問や意見ありませんか」と言ったので、私は手を上げ「はい」と言いました。質問がもう1つあったからです。審議会に出る前に、「ぱあとなあ」のコズちゃんに「建物の玄関に車いす用スロープがあるのに、中に入ると身障者用トイレがなかったり、段差があったり、バリアフリーになっていない建物があります。車いすの人は、車いす用スロープがバリアフリーの目印になっているのに、入ってがっかりして帰ってくることがある。車いす用スロープは、バリアフリーの印にならないのか、バリアフリーである事を知る方法はないのか聞いてくれ」と言われた事を思い出しました。

議長より「髙橋委員どうぞ」と言ってくれたので、私は「私の車いすの友達に言われた事ですが、お店や施設の建物の玄関に車いす用スロープがあり、入ってみると身障者用トイレがなかったり、2階に上がれなかったりで、バリアフリーになっていないので、がっかりして引き返してくる。車いす用スロープは、車いすの身障者用に付けているのではないのですか」と質問しました。事務局からの返答として「秋田県では、バリアフリー適合マークを発効して掲示する事にしています。バリアフリー適合マークの掲示している所は、バリアフリーになっていますので安心です」との答えでした。すると車いす連合会の代表の方が、手を上げ議長が「はい」と言うと、「高橋委員の質問に関連した事ですが、車いす用スロープが急な坂だったり急な曲り角がついていたりで、バリアフリーとは言えないスロープがあります。同じお金を掛けて作るなら、私達の使いやすいスロープを作ってください。そのためには、スロープを作る前に私達の意見を聞いてください」と厳しい意見が出されました。続いて聴覚障害者の代表が手を上げ、「聴覚障害者が役所などへ行って相談したくても、手話の出来る方がいないために相談できずにいますので、手話の出来る方を1人置いておく事が出来ませんか。聴覚障害者にとって手話もバリアフリーの1つです」と、これも厳しい意見が出されました。事務局から「大変厳しい質問を頂きこれからあらゆる部門で検討してみます。事務局の課題とさせてください」と言って審議会の間が空きました。

事務局から「審議会の終了予定時間となりましたので、議長の講評と最後の挨拶をもって、審議会を閉会したいと思います」と事務局の最後の進行と、議長の講評と挨拶と続き、第1回目の秋田県バリアフリー社会形成審議会が、閉会しました。審議会で資料として渡された中に、「ぱあとなあ」の玄関先に設置されている車いす用トイレ案内板の資料がありました。資料を見て思いました。「ぱあとなあ」の門に設置された案内板の意味を「ぱあとなあ」の仲間は知っているだろうか。バリアフリー適合マークの事を知っているだろうか。様々なバリアフリーの問題点や障害によって、バリアフリーの問題点の違いと、秋田県のバリアフリーの遅れている点を知る事ができました。なによりも、自分の思いを訴える事が出来た事がこの審議会に参加して自分の勉強になり、満足できたことです。県庁を出る時、県庁の玄関前に石段が46段ありましたが手すりが付いていなく、少し回って車いす用スロープを歩いて降りてきました。車いす用スロープが付いているから、バリアフリーになっているとは言えないと思いました。

15　私の障害者への思い

私は身体障害者になり、いろいろな事を経験し感じてきました。この社会で生活している人間を分けてみると、健常者と障害者に分かれ、また障害者は、知的障害者、精神障害者と身体障害者に分かれます。さらに身体障害者は、視覚障害者と聴覚障害者と難病障害者、そして私のような身体機能障害者の４つの障害に区分されます。障害者は皆、それぞれの障害で苦しみ辛さに耐えています。医学的に進歩しない限り障害名は増えていき、それと平行して障害者も増えていくでしょう。

私は、身体障害者になって感じてきた事があります。身体障害者には、赤い障害者手帳が発行されます。障害者手帳が発行される事により福祉で保護の対象になるのです。その手帳には、障害等級として障害の重さにより１級２級３級と数字が載っています。この障害等級もおかしい事に気づきました。１級障害者が、自足で自由に動き回り、動く両手や両足をもっている人もいるのに、２級障害の私は片足に補助具を付け、杖を頼りに何とか歩いているのです。手も、左手が握った状態で全く使えません。3級障害者でも、片方の手足しか利かず、車いす生活の方もいます。しだいに等級のもつ意味がわからなくなってきました。それなのに、世間では障害等級を基本に、福祉での保護の内容が異なってきます。

以前こんな陰話を聞いた事があります。「あいつが1級障害者なんてうまい事をやったもんだ」「俺なんか正直もんだから、3級障害者だよ」「正直者は、ばかを見る、とはよく言ったものだ」などという会話でした。病院の先生に聞いてみたら「一度付けられた障害等級は、また新たな病気か怪我で酷くならない限り変わらない」と言われました。私は「先生、○○さんは1級障害なのに、あんなに動けるんですよ。私は、2級障害でも片手片足が動かないんですよ。リハビリ頑張れば〇〇さんぐらい動けるようになりますか」と聞いたことがあります。「人それぞれ、身体の破損した箇所があり、障害が出ている箇所によって障害度が違ってくる」「今は医学的に治せないし、リハビリでも治らない。だから障害者なんだ」と言われました。それなのに健常者の方にしてみると、「見てみろ〇〇さんは1級障害者なのにあんなに何でも出来るように頑張っている。2級障害のお前は自分の事もちゃんと出来ない。甘えているからだ。そんな事では自立など出来ない」と言われた事もありました。「やろうと思っても身体が動かないんだ。身体が動いて何でも出来たら、身体障害者やっていないよ。頑張って出来るならそれは、障害者じゃない」と私は言い返すのです。

私は、私達の事をひとまとめにして、身体障害者とか身障と言われるのが嫌になってきました。身体障害者それぞれ、障害の出ている部分と障害度によって出来る事と出来ない事が違うのです。だから私は、その人の障害箇所をはっきり示し障害度を付けて話をしたいのです。例えば、左半身、右半身、上肢、下肢など、場合によっては、これらを組み合わせ、障害度として高重を付けて左半身高機能障害者や下肢重度機能障害者というように説明すると、その人のもつ障害がわかりやすく理解してもらえるのではないかと思うのです。皆さんはどう思われますか。「ぱあとなあ」の仲間は、身体の障害箇所や障害度はそれぞれ違いますが、仲間の心の中は、健常者以上で、とても綺麗です。「ぱあとなあ」の職員も私達の良き理解者で、仲間です。私も、身体は障害者でも、心は健常者でいたいと思っています。

16　仲間とのバリアフリー情報交換

秋田県バリアフリー社会形成審議委員会より帰り、次の日「ぱあとなあ」に行き、仲間にバリアフリー社会形成審議会での話をして聞かせました。コズちゃんにも言われていた事を審議会で質問して、事務局の返答は「バリアフリー適合マークのある所は安心できるんだって」と教えたら「私の行くお店では見た事がない」と言うのです。

それで仲間に「『ぱあとなあ』の玄関門前に立っている車いすマークの看板は何かわかるか」と質問してみたら「あーあの立て札ね、この道は障害者がよく通るので注意の標識」と答える人、またある仲間は「ここは障害者施設ですという意味の標識」、またある仲間は「障害者トイレのある施設ですという標識」、皆ばらばらの認識でした。職員なら知っているだろうと聞いてみたら、残念ながら職員もよくわかっていないのです。せっかく「ぱあとなあ」にあるのに、知らなければ他所へ行った時あの看板を見かけても利用する事が出来ない、せっかくのバリアフリーも利用する障害者が知らなければ宝の持ち腐れになってしまうのです。

職員のＡＭさんなら知っているだろうと「ＡＭさん。あの車いすの看板は、なんのために道端に立ててあるの」と質問してみたら、「あれは障害者用トイレ案内板と言って、今度行なわれる障害者の国体若杉大会に来た障害者に利用していただこうと、バリアフリーのトイレを提供してくれた所に秋田県が審査して適合した所に設置したんだ、あれは県の案内板なんだよ。障害者は『ぱあとなあ』のトイレをいつでもお気軽にお使いくださいという看板だ」と答えてくれました。「さすがＡＭさん、そのとおりです」と私が言うと、「お前もバリアフリー審議委員になると勉強してきたな」とほめられました。

私は「ＡＭさん、仲間にも教えてあげないと、あの看板のあるトイレを使う事が出来ない事になるのではないか。バリアフリートイレの宝の持ち腐れになるので、仲間に教えてあげてください」と言うと「そうだなあ、教えていなかったからなあ」と言って自分の仕事に戻っていきました。しばらくしてＡＭさんが大きなポスターを持ってきて掲示板に貼っていきました。そのポスターはあの「ぱあとなあ」門前の車いす用トイレ案内板の説明と案内板を拡大したものでした。「これを向こうにも張っておくので後で見ておいてください」と仲間に言って仕事に戻っていきました。ＡＭさんの対応が速く、仲間もあの看板の意味をわかったと思います。仲間は車いす用トイレ案内板のある所でのトイレを使う事が出来ることと思います。

次にＡＭさんに「秋田県で発行しているバリアフリー適合マークってどんな物か」と質問してみました。「バリアフリー適合マークなら、『ぱあとなあ』もいただいて玄関に掲示してあるよ。知らなかったのかお前。玄関へ行って見てください。バリアフリー適合マークは県が規定に合っているか審査をして、バリアフリーと認められると発行してもらえるんだ」と教えてくれました。

それまで毎日のように私は「ぱあとなあ」の玄関を通っているの

に気がつきませんでした。改めて玄関へ行き見てみると、玄関にちゃんと掲示してありました。コズちゃんに「このバリアフリー適合マークのある所は安心して入れるよ」と話すと「そのマークの事は知ってるよ、だけど私の行きたいお店や場所にはないの」と言われてしまいました。それはそうだと思い、障害者施設や病院にバリアフリー適合マークが付いていて当たり前。バリアフリーになっていない方がおかしい。バリアフリーであってほしいのは、普段私達障害者が利用するお店や役所など公共施設に数多くのバリアフリー適合マークを掲示していただきたいものです、とＡＭさんに言うと、「出来ている物を壊してバリアフリーに作り変えると莫大なお金が掛かるし、これから新しく作る所はバリアフリーになると思うよ。民間のお店は経営者がバリアフリーに理解がないと進まないと思う」との話でした。必要なバリアフリーを知るためには、仲間同士のバリアフリーの情報交換しかないと考え、就労職員に「利用者懇談会でバリアフリーネットワーク会議をやらせてください」と提案しました。職員からは「きちんとした議題を提示してやりましょう」と許しを得る事ができました。

以前私はこんな経験をしました。秋田駅の障害者トイレに入ろうとしましたが、ドアの開け方がわからず必死にドアを開けようとしていたら、通りがかりの人がドアの横にあるボタンを押したら自動的にドアが開いたのです。よく見てみるとドアの横にボタンがあり、それを押してトイレのドアを開けたり閉めたりできる事を知りました。今では身障者トイレのドアもいろいろなタイプがあり、開け方を知らないと中へ入れない事が多く、いくらすばらしいバリアフリーでも利用する私達障害者が使い方や、ある場所を知らなければ宝の持ち腐れになってしまいます。改めて障害者仲間同士のバリアフリーの情報交換によって広い視野を持つ事が、障害者自身のバリアフリー対策になり、障害者の生きる知恵でもあると思いました。

17　どうして俺は、こうも不幸に見舞われるのか

秋田市の訓練センターより「ぱあとなあ」に来てから仲間と順調に作業をし、仲良くしていました。家でも老いた父母とも問題なく生活していました。春先に父母の手伝いができればと軽トラックを買い、田んぼへ父母の送り迎えに動かしていました。交通事故には十分注意して低速で運転していました。春夏と順調に運転していた

のに秋になり、稲刈りも終わり、稲こきが始まり、朝早く母を田んぼに連れて行く時いつも問題なく通っていた、ゆるい左カーブの道で、朝日がまぶしく前が一瞬見えなかったのです。ガツンという音と何かにぶつかったハンドルの手ごたえに驚き、左路肩に軽トラックを止め、見ると左路肩に駐車していた軽ワゴン車の後ろ部分に、私の軽トラックの左前部分でぶつけてしまいました。左席には母が乗っていました。相手の軽ワゴン車の左の席にはその車の持ち主の奥さんが乗っていました。幸いに母もその奥さんも怪我は無く、傷ついたのは私の車と相手の車だけでしたので、胸を撫で下ろしました。車の壊れた部分は、農協の共済保険で直す事にしました。

振り返ってみて、車のスピードは出してはいませんでしたが、朝日で前が見えなかったのです。もしかしたら、私の障害が出てきてしまったのかもしれません。私には、左目に障害があるのです。私の目には左横が見えないという障害が残っています。十分注意しているのですが、ひょんな時に出てくると大きな事故につながるのではと心配になってきました。父母の手伝いで私の出来る事をしたいのですが、私の障害が私を不幸にするのではないか、障害で幸福になる事はないが不幸に見舞われる事はこれからもあると思いました。

昔、誰かが「神様は人々に平等です」と言っていた事を聞きました。障害者になってしまった事も不幸ですが、自分の障害に死ぬまで苦しめられる事が最大の不幸ではないかと思いました。俺は不幸を背負って生きていかなければならなくなりました。神様の下では平等ならば障害を背負った俺がこれから幸福になれるというのでしょうか、中には障害者になって幸福になったような方もいる。健常者だった頃の仕事で上手くいかず、給料も上がらず職場で辛い思いをした方が、軽い障害者になりどんな作業も人一倍こなせ、障害者福祉の中では優等生の障害者でいます。就労作業でも、人より仕事が出来、人の何十倍の作業工賃を頂けるような方もいます。そういう点、私はいくら努力しても不幸が先に立って待ち構えているように思ってきました。

18　初めての施設視察研修見学

「ぱあとなあ」にはいろいろな施設からいろいろな方が施設を見学されました。私達も他の施設の仲間がどんな作業をしてどんな頑張りをしているのか、私達の勉強のためにも他の施設の見学を計画してくださいと、以前から就労職員にお願いしていました。事が実現することになり見学先が美郷町にある「サンワーク六郷」という施設へ行くことになりました。紅葉ドライブを兼ねて就労部の仲間全員、就労部職員の運転する車数台に分乗して出発しました。曇り空でしたが、「サンワーク六郷」に向けて出発しました。サンワーク六郷に着くとサンワークさんの施設長さんが出迎えてくれました。「ぱあとなあ」の就労職員のKトさんより「サンワークさんの就労は身体の就労と知的更生があり、知的の利用者の方が居る場へは、これだけの人数で見学に入ると利用者の中にパニックになる方もいるので、向こうの指示に従い個別行動を取らないように。挨拶はきちっとするように」と私達仲間に指導してくれていたので、サンワークの玄関を入ると「おはようございます。お世話になります」

と仲間と共にサンワークの職員に挨拶をして入りました。

初めにサンワークの施設長から施設の説明と挨拶がありました。その中で「サンワークも、就労作業を少しでもお金になるようにいろいろな作業を試行錯誤して頑張っている事。私達ぱあとなあをヒントにして向かいのスーパーの空き地を借りて喫茶店経営を試みている事。利用者も頑張って訓練して一般就職した方もいる」との説明をしてくださいました。

それから職員の案内で身体の就労作業場を案内してくれました。身体の就労作業場に職員の説明を聞きながら入ってみると、鶏の卵のパック詰め1パックを200円でスーパーに出しているとか、その横では老人施設などのタオルなどを大きな洗濯機でクリーニングして綺麗に折りたたんで納品するとか、数人グループで買い物袋を折りたたんでビニール袋に入れ、綺麗に包装する作業をしていました。また別のグループはポリパック作業をしていました。私達もポリパック作業をしていますが、サンワークではポリパック5枚1つにして輪ゴムで束ねる作業でした。私達はポリパックを2つ折りにして100枚ビニール袋に入れ包装する作業が多いのですが、サンワークの就労利用の方の話では「ここでは単に5枚1束にするポリパック作業が多い。2つ折のポリパック作業が来たらやりますよ」と言っていました。上手に両手を使ってポリパック5枚輪ゴムで束ねていたので「ここは両手が動く人が多いのですか」と利用者の方に聞いてみたら「動かないよ。見てみろ、ほら」と言って私に私と同じように動かない左手を出して見せ笑ったのです。「向こうにいる何人かは両手が動くけどね」と言ったので「私も貴方と同じで、左手が握ったままで役に立たないんだよ」と言ってその方に私の左の手を見せると、「お互い動かない手を持って大変だね」と言って笑い合いました。

ポリパック作業のテーブルの上に木の枝が置いてあったので「これは何ですか」と聞いてみたら「これはこうやって使う道具よ」と言って、テーブルの上にあったポリパックを木の枝を使って自分の所へ引き寄せて見せてくれました。ここでも簡単な便利な道具を手作りして作業していて、私達と同じだったのです。職員の案内で別の所へ移動する時、「皆さん頑張ってください。ありがとうございました」とお礼を言って就労の作業室を出ました。

次に行った場所は、鶏を放し飼いにしている所が見える部屋でした。窓から外を見ると広い土地を網で囲い、その中を比内鶏のような鶏が数10羽自由に歩き回っていました。この鶏達が生んだ卵をパック詰めにして1パック200円で売っていたんだなと、理解しました。ふと、この鶏達は夏場は放し飼いでよいが、雪の降る冬場はどうするのだろうか、と思いながら次の場所へ案内されました。

そこでは大きな缶詰缶でペンキ用缶容器を数人で作っていました。作業している利用者の説明を聞くと「この大きな缶詰缶は、給食センターなどから頂いてきて磨き、手を切らないように端を曲げて叩き、針金で取っ手を作りこの缶に付けて出来上がり。ここまで何工程もの作業があり、金物屋さんを通してペンキ屋さんに1個100円で売っているのだが注文が少なくて」と言っていました。「これもリサイクルのアイデアですね」と私が言うと、「はいそうです」と返事が返ってきました。一通り就労作業場を見て回り、施設の玄関先にある休憩喫茶コーナーで昼食を食べる事になりました。残念でしたのは知的障害者の部屋を見せていただけなかった事です。

昼食を済ませたら職員より「こちらに喫煙室があるようなのでタバコを吸いたい人はどうぞ」と言ってくれたので、タバコの吸いたい私は「はい、ありがたい。タバコ吸えるの」と言って立ち上がり、吸いたい仲間と案内してくれる方の後を付いて行きました。行ってみるとサンワークの裏玄関のようでした。裏玄関の一角に分煙器が置いてあり、そこにサンワークの利用者3人がタバコを吸っていました。そこへ行き「俺達も仲間に入れてください」とタバコをポケットから取り出しながら言うと「こちらへどうぞ」と席を空けてくれました。

「サンワークさんはいいですね、屋根のある所に喫煙室があるから。

俺達『ぱあとなあ』では喫煙室を外に出され冬なんか寒いよ」と言うと「ここだって冬は風が入ってきて寒いよ」と気楽な会話から始まりました。「ここの施設長が言ってたけれどサンワークさんの利用者で就職した方がいるの」と聞いてみたら「民間に就職した人は聞いた事はない。待機している人はいると聞いた事があります。杖をついて歩く人を雇ってくれる所などないよ」と彼は言いました。「サンワークさんも50才を過ぎている方が多いの」と聞いてみたら「若い子もいるよ。知的の方だけど知的の方は俺もあまり知らないんだ」と答えてくれました。「サンワークさんは鶏も飼っているんですね」と聞くと「鶏だけでなく畑もやってるよ」と言ったので「貴方も畑の作業する事あるの」と聞いたら「俺は出来ない。年をとった人がやっているんだよ。鶏も畑も大半は職員がやっているんです。職員は大変だよ」と言っていました。

帰る時間となり玄関に全員集まり、サンワークの職員にお礼の挨拶をして車に乗り込み、職員の見送りを受けて施設を後にしました。車の中で仲間と「サンワークの利用者は俺達と違い、あまりおしゃべりしないで作業をしているようでしたね」などと見学した感想などを話し合いながら帰ってきました。「ぱあとなあ」に戻るとショウさんに「貴方は誰とでも話をするね」とほめられました。ばかにして言っているのかわからないが、そんな事を言われてしまいました。他の仲間の事を知ることは大変勉強になり有意義な施設見学でした。また計画してくださいと就労職員にお願いしておきました。

19　私の住む町のバリアフリー

「ぱあとなあ」で作業中バリアフリーの話になり、私の住む町のバリアフリーの状況を仲間に話して聞かせた事がありました。「俺の町では役場の玄関の階段に手すりが右側にしか付いていなくて、俺は右手が利くから上る時はよいが下りる時左に手すりが付いていないと下りる事が出来ない。それで役場職員に、左にも手すりを付けてくれなきゃバリアフリーにならないし、俺は下りられない」と話してみました。「左側に車いす用スロープがあるからそこを下りられるでしょ、と言われてしまったよ」と話をすると、とノグさんが「俺の町の役場にはエレベーターが付いているから2階に上がるのに便利だよ」との事でした。私はその様に「ノグさんの町の方はお金があるからバリアフリーに作ってあるんだよ」と言いました。そしてまた私が「先日の選挙での事、俺の行く投票所は町の小学校で体育館の玄関から入るのだが、コンクリートの石段が5段ぐらいあるのに手すりが付いていないので上れない状態だ。投票に来た人に頼んで選挙管理委員会の職員を呼んでもらい、介助して投票所まで連れて行ってくれと頼み、それで介助してもらい投票してきた。帰りも職員に介助してもらい外へ出ましたが、その時選挙管理委員会の職員に手すりを付けてくれないと俺みたいな障害者は投票できないし、もし車いすの人が投票用紙を持ってきたらどうするのか、車いすの人は入れないのでお断りというのか、選挙の投票所のバリアフリーを考えてみてほしい」と職員に言ったところ、「期日前投票制度がありますから期日前投票は役場で行ないます。役場なら入るのにバリアフリーになっているので、期日前投票してください」と言われました。ところが、ある仲間から「郵送による投票も出来るよ」と教えてもらいました。「俺の町の役場のトイレも、入り口に段差があるし、便座式がなく和式ばかりで障害者は使えない。ある時役場のトイレに入り、トイレの出入り口でドアのバネが強く、すぐに閉まってしまう。出る時ドアを開け右足を段差の上に上げ、左足も上げようとしたらドアが閉まってきて、ドアと段差に左足を挟み出られなくなってしまった。仕方なく助けを呼んだら、トイレの近くの建設課の職員が来てくれ、ドアを開けていてくれたのでトイレから出る事が出来た」と仲間に話したら、皆で大笑いされました。

また私の住む町では、スーパーや銀行の玄関先にある車いす用スロープによく自転車が置かれ、スロープを上れない場合があります。町の人の心のバリアフリーも進んでいない状態ですから、車いすに乗った障害者が町を歩いている所を見た事がありません。私の町にも車いすの障害者はいるはずです。悪い所ばかりではなく、町の通りのバス停にベンチが置かれています。通院などでバスを待っている間ベンチに座って待っていられるので助かります。障害者の私だけが便利な訳ではありません。町に買い物に来たお年寄りなど、店から店に行く間にベンチがあるので疲れた時の休憩に利用、またお年寄り同士のおしゃべりの場所に、ベンチを利用しているのをよく見かけました。バス停のベンチはバスを利用する方だけでなく、体の弱い方にはとても助かるものです。これも町のバリアフリーの1つと思いました。どこの町でもどこのバス停にもベンチが設置されていると助かる人が多いと思います。このバリアフリーのベンチも冬に雪が降ると除雪の邪魔になるので外されてしまいますが、ケアマネージャーにこのベンチの事を聞いてみたら「あのベンチは町役場が設置しているのではなく町の商工会が設置しているもの」と教えてくれました。なのでこうしてバス停にベンチを設置してくれて助かります。ありがとうございます。と私は言いたいです。希望を言えば商店街には身障者用トイレを設置している所がありません。スーパーも銀行も役場も商工会もあるのに、身障者用トイレを設置してくれている場所がありません。また商店街の中心に商工会があり、バス停を兼ねた休憩所があり、そこには一般用トイレはありますが身障者用トイレはありません。この休憩小屋に子供達や女子学生の遊び場のように利用されがちな現状です。ここに身障者用トイレが設置されているなら、商店街にも障害者が出歩けるバリアフリーの町と言えるのですが、私の住む町ではまだそこまで障害者を理解していただけていないのです。

20　ノブさんの自立行動

ある日の事、私たちが就労の作業を終え、送迎時間の際でした。「ぱあとなあ」を出て少し走るとスーパーがあり、ここは「ぱあとなあ」のホームの仲間もよく利用しているお店です。そのホームで生活しているノブさんがスーパーから出て道路を横断しようとしていたのを見て、彼はこんな遠くまで来るのかと驚きました。なぜなら彼は就労部仲間で、一番の重度障害者だったからです。動いて使える体の部分と言えば足だけですから、両手が使えず話す事も出来ない彼がスーパーへ買い物に来てたのかなと思い、翌日「ぱあとなあ」の仲間や職員に聞いてみました。ノブさんと「ぱあとなあ」で最初に出会った頃は、事務用のキャスター付きのいすを車いす代わりに移動に使い、動き回っていました。現在は車いすの背もたれの4つの足に小さなキャスターを付けてノブさん用に改造した車いすに座り、足だけで前向きになったり後ろ向きになったりと使い分けて移動しています。「ぱあとなあ」の玄関先の駐車場で散歩するのはよいのですが、スーパーに行くには「ぱあとなあ」の前に秋田道という高速道路が走っているため高速道路の側道を横断してガード下を通る必要があり、スーパーの玄関にたどり着くまでに長い距離があるのです。

ノブさんの車いすでは危険な長旅のように思えてきました。しかもノブさんは、日常生活において人との会話などには、トーキングボードを使って話をしている状態です。手も物をつかんだり持ったりすることもなく、せいぜい物を引っ掛ける程度にしか動きません。それなのに買い物に行くとは、どうやって買い物しているのかノブさんに興味がわいてきました。翌日「ノブさん、道路渡る時怖くはないの」とノブさんに聞くと「うん」と言って首をかしげました。側に職員のKトさんがいたので「ノブさんが向こうのスーパーにいたんだよ。道路を横断する時危険じゃないかなあ」と聞いてみると、「ノブは大丈夫だが、車の人がノブを怖がって避けて通っている」と微笑みながら話してくれました。「ノブさんは言葉が話せないのにどうやって買い物してるの」と聞くと、「買いたい物をパソコンで打った紙を持って行き店員さんに見せて買うんだ」とのこと。「お金はどうやって支払うの」と聞くと「お金は後ろの袋に入れてぶら下げているから、店員に首や手で合図をして取ってもらう。店員もわかっているから問題ないよ」と教えてくれました。「ノブさんパソコン使うの」と聞くと「ノブはパソコン使うよ、以前秋田市の訓練センターに入所してた頃訓練で覚えたんだ。わからない事があるとホームのトシさんに聞いて足でキーボード使ってプリントもしてるよ」「たいしたものだ」と私はノブさんに感心していました。仲間のショーさんにも「ノブさんスーパーに買い物に行くんだって」と言うと「行ってるよ。この間なんか私が買い物に行ってたら知らぬ間についてきたけど速いよ、びっくりしたよ、皆知ってる事だよ」と言われました。私は通所で「ぱあとなあ」に来ているのだからホームの方の普段の生活ぶりを知らなかったのです。

それにしてもノブさんは、小石が挟まっても動かなくなるような小さな車のキャスターの付いた車いすで道端に落ちている砂利を越え、道路の小さな段差を越えて数多く走る自動車を避けながらスーパーへ行くこと、そして最大限の知恵を絞りスーパーの店員と会話をして希望の買い物をしてくるなんて、私は改めて、障害者だからといって臆する事なくアクションを起こすことで希望が叶う、そうなると思いました。その希望を叶えるためには、少しの自分の努力と勇気が必要な事をノブさんから学びました。

21　仲間からの嬉しい贈り物

11月4日、「ぱあとなあ」で仲間から思わぬ温かい贈り物を頂きました。私は昭和29年11月5日生まれです。誕生日を祝って「昼食に、あなたの好きな物を何でもいいから作りますから言ってください」と栄養士のSマさんに聞かれました。自分の誕生日を改めて思い出しました。50才を過ぎると自分の年など思い出したくもなくなっていました。「俺の好きな物作ってくれるの、うれしいなあ。それならカレーライスお願いします」と答えると、「もっと豪華なものでも良いよ」と言ってくれました。「それじゃあ、豪華にカツカレーをお願いします」と答えると「ステーキでも良いのよ」とのことでしたが、「ステーキよりカレーが好きなんだ」と言うと「わかりました。美味しいカレー作るから」とSマさんが言ってくれました。その年の11月5日は日曜日で私は休みだったので、前日土曜日の昼食の時に約束通り、私だけのための豪華なカツカレーを作って出してくれました。美味しそうなので、早速食べようとしたら「ちょっと待って」と職員のSアさん、「さあ皆で誕生日の歌を歌いましょう」と言って、私の周りに集った仲間とハッピーバースデーの歌を「ハピバスデーツーユーハピバスデーツーユーハピバスデー宏作さんハピバスデーツーユー」と歌って祝ってくれました。その間50才を過ぎた私にこんな事をしていただき、さらに照れくさくもあり嬉しくもあり、カツカレーを食べるといつも厨房で作ってくれるカレーより数段美味しく感じました。胸にじんと来ながら、美味しいカレーを時間を掛けて食べた昼食でした。「幾つになったの」と周りから尋ねられ、「50才過ぎたばかり」と言うと職員のSアさん「当年とって54才でしょう」と言われ「違うよ52才だよ」と答えました。Sアさんの言う年だと私は54才になってしまいます。作業に戻り、ミナちゃんナオちゃんに「おめでとう」と言われ「ありがとう」と答えると、ノグさんが「50過ぎのスケベ親父か」と私の事を冷やかし、作業していた仲間が大笑い。私の誕生日をネタに話が弾み、楽しく作業をする事が出来ました。作業時間が終わり家に帰る時間となり「ぱあとなあ」で思わぬ温かい誕生日の贈り物を頂き、送迎の車で家に送っていただきました。帰りは初めにミナちゃんとミカちゃんを送り、ミナちゃんに「誕生日プレゼントあるから母さんから貰って」と言われ「俺にプレゼント？　嬉しいなあ」などと会話をしたりしながら、歌を歌ってミナちゃんの家に着きました。ミナちゃんの家に着くと母さんが「宏作さん誕生日おめでとう、これミナからのプレゼント」と言って私に造花の花籠を差し出してくれました。とても綺麗な花籠に驚き、嬉しくなりました。「ミナちゃんプレゼントありがとう。大事にするから」と言ってミナちゃん、カコちゃんの家を後にしました。家に送ってもらう最後は私でした。家の前に着くと送迎職員のSクさんが「プレゼント重いから私が家に置いてきてあげる」と言ってミナちゃんからのプレゼントの花籠を持って先に私の家に行き、置いてきてくれ、私は後からゆっくり家に帰りました。「ありがとう、助かりました。また来週お願いします」とSクさんにお礼を言って、家の中に入りました。家には父がいて「誕生日プレゼント誰から貰った」と聞かれたので

「ぱあとなあの仲間のミナちゃんていう可愛い女の子から、1日早い誕生祝いを貰ったんだ。うれしいよ」と言うと「どこの娘さんだい、その子もお前と同じか」と言うもので「隣町の子で俺と同じ障害者車いすに乗ってるよ」と話し、父に「この花造花だからテレビの上にでも飾っておいてくれ」と頼んだら、父はテレビの横の棚の上に飾ってくれました。テレビを見るとミナちゃんから頂いた綺麗な花籠が、目に入ってきます。改めてミナちゃんからのプレゼントを見て、ふと過去の自分を思い返してみました。52才になる今までこんなに嬉しい誕生日があっただろうか、またこんなに嬉しいプレゼントを頂いたことがあるだろうか、元気に会社勤めをしてた頃は、誕生日と言っては同僚と居酒屋で酒を飲み、騒ぐ口実の誕生日でした。誕生日プレゼントなど人から頂いたことなどありませんでした。

何かに口実をつけ酒を飲み騒いだ結果頭の病気になり、今では障害者となっている自分を反省しました。52才になり障害者になって初めて心温まる誕生祝いを貰ったのです。「ぱあとなあ」の仲間と、思いもしなかった若い女の子からの初めての誕生日プレゼントを思いながら「ミナちゃんありがとう」と言って感謝しながら眠りにつきました。

22　通所の楽しみ

通所の楽しみは、何と言っても毎日の送迎で車の窓から見える風景の移り変わりを、肌で季節を感じられる事です。今年の年明けは、毎日のように豪雪が続き、寒い寒いから始まりました。私達の住む地域には、雪も粉雪、棉雪、氷雪が、吹雪、どか雪となって降ってきます。一晩に1ｍも降る事も珍しくない毎日で、雪との格闘の日々が続きます。町では道路に降り積もった雪を除雪するため、朝3時頃から除雪車が走ります。その除雪の音で目を覚ましますが、私の家の前までは道路が狭く除雪をしてくれません。以前町役場に「私の家の前の道路も除雪してください」とお願いしてみたことがありますが、「道路の幅が狭いので除雪車が入れないため、自力で除雪してください」と言われました。雪を飛ばす除雪機で隣人が除雪を家の前から道路までは道を付けてくれます。本当にありがたいことです。左半身障害者の私ではとても除雪など出来ません。片手ではスコップも持てず、片足では降り積もった雪の上を歩くこともままならない状態です。朝、隣人の除雪機のエンジン音で寝床から起きるのが冬の1日の始まりです。私のような障害者は火が危ないと、便利なクーラー型の温風器を付けます。朝9時半頃まで「ぱあとなあ」の送迎の車が、広く除雪した隣の家の前まで来てくれ、元気に「おはようございます。ぱあとなあです」と言って迎えてくれ、私は、父母に「行ってくるぞ」と言って家を出ます。踏み固まった雪の道を、杖に付けた滑り止め金具とスパイク付きブーツで足元を注意しながら送迎の車に乗り込みます。送迎の車の中にはすでにタダさん、ナオちゃん、ミナちゃん、ミカちゃんが乗っていて、「おはようございます」と皆元気に朝の挨拶を交わします。次にタケ君を乗せ、「ぱあとなあ」に向かいます。「ぱあとなあ」に着き降りた後、中へ入ると「おはようございます」と言って喫茶店「ふれんどり」の開店準備をしている職員やホームのコズちゃん、ケイちゃんたち仲間が「おはようございます」と朝の挨拶を返してくれます。次に出勤簿を付けるため軽作業の部屋へ入っていくと、もうホームのショウさん、ミツさん、ユウさんが作業を始めており、朝の挨拶を交わします。外は雪で寒いが、「ぱあとなあ」の中で元気な声の挨拶が飛び交うのを聞くと、寒さも忘れ温かい気持ちになってきます。例年になく今年の雪は多く降り、秋田市では雪の捨て場がなく、除雪も追いつかないとテレビのニュースで報じていました。私達の住む県南も雪が多く、除雪で作られた道路脇の高い雪壁で周りが見えなくなってしまいます。「ぱあとなあ」の玄関先の駐車場も雪が積もり、施設長を先頭に、職員が毎日のようにスコップや雪を飛ばす除雪機で私達のために雪と格闘している。こうなると屋外のバリアフリーなど全て無くなってしまいます。杖歩行の私ですら外を歩くのは大変になり、転ばないように足元を注意してゆっくり歩きます。車いすなどは、タイヤが雪に埋まり動く事すら出来なくなりますから、雪のある冬期はホームの方は建物の中から出られなくなり、まるで冬眠に入ったようです。その点通所の私達は「ぱあとなあ」より家の玄関まで迎えに来てくれるので、寒いが安心して来る事が出来ます。にぎやかにしりとり言葉ゲームをしています。車の窓に見える景色は日を追って春に向かって変わっていく。雪も道路から消え歩道の雪も消え、田んぼのあぜ道も顔を出し、緑の草も顔を出して天気も良くなります。暖かくなってくると私達の気分もよくなり元気が出てくるのです。田んぼ掘りが始まり、田んぼに水が入り、あちこちで田植えも始まる。桜も咲き始め、りんごの花も山一面に咲き始めます。春って元気の出る季節だと実感するものです。次第に「暖かいなあ」から「暑い暑い」に仲間の声が変わり、周りの田んぼの稲も緑が濃くなり、山の木々や緑が濃くなり空には青空が広がり、この頃が私達障害者にとっては、体が一番動かしやすい気候であります。知らず知らずに秋は近づき、田んぼは黄色に染まり、稲刈りも始まってきます。山のりんごも赤くなり始め、この地域で米やりんご、野菜などの収穫が始まり、人々が忙しそうに田畑を動き回っている様子が、送迎の車の窓から見えてきます。次第に田んぼから黄色く稔った稲が消え、ぶどう畑から紫のぶどうが消え、赤く実ったりんごも少しずつりんご畑から消えていきます。風景を車の窓から見て季節を感じることが出来るのも通所の楽しみの1つになりました。いつの頃からか帰りの送迎の車の中で、しりとり言葉ゲームから歌を歌いながら帰るようになってきました。「秋の歌を歌おう」と言っては「秋の夕日に照る山紅葉濃いも薄いもかずうある中で」と皆で歌いながら帰るのもまた楽しいものです。

また変わってきたのは、ナオちゃん。以前は家に着くと迎えに出たお母さんにただ「母さん、母さん」と呼んでいましたが、この頃「お母さんただいま」と言うように変わりました。ナオちゃんが「お母さんただいま」と元気に言うと、お母さんも「おかえりなさい」とニコニコ顔で迎えてくれるのです。そしてナオちゃんを抱え2人仲良く家の玄関の方へ入っていく姿は、今までなかった挨拶に驚きながら、健常者より成長は遅いが、障害者も確実に時間を掛けて成長していく事を感じられました。また雪の降る時期となり、車いすの仲間は冬眠に入る季節がすぐそこまで来ています。雪の少ない冬であってほしいと願っています。短い夏はあっても、短い冬は今までになかったので心配しています。

23「ぱあとなあ」就労部バリアフリーネットワーク会議

夏ごろより就労部の職員にお願いしていました。バリアフリーネットワーク会議を、利用者懇談会で実施することになりました。夏の時期から就労作業をしながら、仲間でいろいろ情報をおしゃべりしてきましたが、会議という形で仲間との情報の交換で勉強会をしたかったのです。冬を前にして11月24日、作業場で丸く対面式で行ない、この議題提案者の私の司会進行で行なうことになりました。私が口火を切り、「このバリアフリーネットワーク会議は、行政や世間の方がバリアフリーとして私達障害者のためにいろいろな物を作ってくれても、それを利用する立場の私達が知らなかったり、使い方を知らなかったりするとバリアフリーも絵に描いた餅になってしまう」「自分達で教え合ってバリアフリーを勉強していきましょう」と話しました。会議の議題は事前に職員のKトさんに見ていただき、アドバイスを受けた議題として1枚の紙にまとめ、初めに職員の方から「利用者懇談会を始めてください」との言葉に、私が「私から提案していましたバリアフリーネットワーク会議の議長を決めたいと思います。誰か議長をやっていただける方いませんか」と言っても仲間からは誰も声を上げる方はいません。

第1回「ぱあとなあ」就労部バリアフリーネットワーク会議

平成18年11月24日（金）

目的

1 日頃の生活で行動している地域の範囲で安全安心のバリアフリー情報を、皆の大切な共有の情報としていくため

2 バリアフリー情報を知ることは、障害者自分自身のバリアフリー対策になります

議題

① 身近な所でのバリアフリー情報交換

② 身近な所での危険箇所の情報交換

③ 日頃バリアフリーについて感じている事

④ その他バリアフリーについて考えている事

会議結果

皆さんから出していただいたバリアフリーの意見は、秋田県バリアフリー社会形成審議会事務局へ手紙で報告いたします。

「それでは、この議題の言い出しっぺの私が司会進行を、やっていいですか」と仲間に尋ね、拍手を得て私が議長として進めます。私が初めに、「『ぱあとなあ』近くのバリアフリー状況を知っている方教えてください」と言うと、ショウさんが「いつも利用しているスーパーには身障者用トイレがありますので助かりますが、隣の書店にはないので前もって用を済ませてから行く」。私が「南部屋敷はどうですか」と聞くと、「身障者トイレはありません。便座式のトイレはあるが、間口が狭く車いすではとても入って行けません」

「トイレは済ませてから行った方がいいですよ」。ショウさんが続けて「書店の横にある銀行や別の銀行の預金引き出しのATM機の中に入るのに、車いすでは段差があり入り口のドアもバネが強くとても重いので、車いすの障害者は利用することが出来ないと思う。ドラッグストアも入り口に段差があり、ドアも重く車いすの人は入るのに大変でした」。ユミさんが「私もスロープの傾斜がきつく上れなかった時、人に押していただいて上った事があります。手すりがあれば1人で上れたと思います」「また大型店に行った時、車いすを貸し出しているものと思っていたら無かったのでがっかりしました。お店の入り口に車いすを置いていてくれると助かります」と言いました。私は「こういう事に県の行政指導などがあれば変わるのにね」と発言しました。職員のKトさんより「障害者トイレにはボタン式や戸式ドア式といろいろありますが、使いやすいですか」と仲間に聞いてきたら、ある仲間から「中央病院の身障者用トイレは押して入っていくタイプだから楽でいいよ」と言うと、ショウさんが「車いすだと押して入ってから中で方向転換しないとだめなので狭く感じ、使いづらい」と話しました。そして私が「『ぱあとなあ』のような戸式のトイレの方が使いやすいのかな」と言うと、ユミさんが「戸の真ん中だけに取っ手がついているが、反対側にも取っ手が付いていると閉めるのに便利なのにと思っています」。Kトさんが就労の入り口の戸の取っ手を示して「この手がこっちにもあるときちっと閉めやすいのよね」と仲間に説明してくれました。次に私が「この近くで危ないと感じる場所はありませんか」と聞くと、ショウさんが「高速道路の側道を行く時、道の縁を通ると砂や砂利で車いすでは大変です。道路を横断するのも車が多く走るので大変です。注意しないと」と話をしてくれました。次にノブさんが「大型車とすれ違う時がとても怖い」と言うと、Ｋトさんが「ここの側道は車の台数が多く走るので、十分注意して歩いたり走行したり横断するようにお願いします」と言って締めくくってくれました。続いて私が「私の所の町役場は、スロープを上っていくとドアと正面から上ってくる階段との間が狭く車いすだと怖いのではないかと思います。親切に人工芝のマットなど置いてあると大変だと思いますが、感じたことありませんか」「またお店や銀行などの入り口にあるスロープに自転車などが置いていかれると通れない事があります」。仲間から「本当に困ります。ここら辺の方はバリアフリーの事を知らないのではないですか」。私は「そんな時は、通りがかりの人に退けてくださいと、遠慮しないでお願いしてみてはどうでしょうか」「困った事がありましたら、近くにいる方にお願いすると手伝っていただけると思います。皆さんどうでしょう」と言って提案していた議題についての話し合いに区切りがつきました。最後に私から「このような情報交換の会議を行なう事は、皆さんいかがですか」と言うと「いいと思います」との声が上がり、私が「バリアフリーの事だけでなくいろいろな事を情報交換していけたらいい会議になると思いますが」と言うと「情報交換の会議をこれからもやってください」と仲間から言われました。「この会議で出た皆さんからの声は、議事録としてバリアフリー社会形成審議会事務局へ手紙で送ります。事務局から返事が来ましたら皆さんに報告しますので了解してください」と言ってバリアフリーネットワーク会議を終わりました。翌日仲間と話し合った事を、「ぱあとなあ」就労部バリアフリーネットワーク会議の議事録にまとめて、秋田県バリアフリー社会形成審議会事務局宛てに手紙で送りました。数日たち返事が来ました。

拝啓　時下ますます御清祥のこととお喜び申し上げます。お手紙いただき、ありがとうございました。

「ぱあとなあ」での「バリアフリーネットワーク会議」についてバリアフリーの視点から生活全般を考えるものであり、こうした身近な活動がバリアフリー社会の実現に向けて、とても重要で意義のあることと考えます。会議の内容を、次回の審議会でご紹介いただきたいと存じます。この「バリアフリーネットワーク会議」を率先して下さいましたことに対して感謝申し上げますとともに、今後さらに輪を広げ、継続していただければと期待しております。そして高橋さんをはじめとする皆様の活動が地域全体に広がることが出来れば、湯沢雄勝地域全体のバリアフリーにつながると思います。今後ともよろしくお願いします。

敬具

秋田県バリアフリー社会形成審議会事務局

とのバリアフリー社会形成審議会事務局からの内容でした。翌日早速「ぱあとなあ」就労部へ持っていき職員のSタさんにその手紙を、仲間に読んで披露してもらいました。仲間からは「時期を見てまたやりましょう」と声をかけられ、職員のKトさんからも「協力するから勉強のためやっていきましょう」と言ってもらい、AMさんからも「良い事なのでこれからも活動していってください」と励まされました。「もし仲間がわからない問題が出てきたら教えて下さい」と私がお願いすると、「わかりました。いつでも協力するから頑張って」と勇気づけられる言葉をいただきました。バリアフリーネットワーク会議を、仲間でやって良かった。これからも時期を見て、仲間でいろいろな問題点をネットワーク会議として教え合い勉強していきたいと思います。

24 「ぱあとなあ」のパンの物語

「ぱあとなあ」就労部の作業の1つとして喫茶店「ふれんどり」の

営業もしています。以前私もパン製造をしたこともありました。カウンターに並んでるパンが美味しそうに見えて、いろいろなパンを買って食べてみることが楽しみでした。地域では「ふれんどり」のメロンパンが好評でしたが、私はあんパンが美味しいとよく買って食べるようになり、５個６個とまとめ買いして家に持ち帰り、おやつと言っては毎日1個は食べていました。毎日健康管理のために作業前血圧を測って記録を付けていただいていますが、次第に高くなってきたのです。病院へ通院の時血圧のデーターを持っていきO先生に診ていただいて診察の参考にしていただいています。通院の時血圧のデーターを見たO先生が「今日は血液検査をしてみよう」と検査後の血液検査のデーターを見ながら血糖値が高いため消化器科へ行く事を勧められました。消化器科の医師の診断を受けると

「髙橋さん、あなたに糖尿病という病名が付きました」と言われました。そして「食事療法で治していきましょう」と言うのです。家に帰り母に病院での事を話し、「こんどの月曜日一緒に病院に行って栄養指導を受けてくれ」と頼みました。「糖尿病にしたのはおらだと言うのかい」と叱られましたが、何とか口説いて月曜日病院に一緒に行ってくれる事になりました。月曜日、母と一緒に病院へ栄養指導のための通院をしました。栄養指導で少しのご飯で野菜中心の食事療法の栄養指導を、私と母は受けて家に帰りました。その日の夕食から野菜中心の食事が始まりました。翌日「ぱあとなあ」へ行き職員のSアさんに病院での事を報告しました。「ぱあとなあ」での昼食は200g食べていたご飯も150gと減り、少し物足りないと思い食べていました。そのような食事をしばらく続けてくると次第に血圧も下がり安定してきました。血圧が低く安定してくるのを見ると、やっぱりあんパンの食べすぎが原因だったと感じました。食事に気を付けながら生活している頃にＮＨＫのテレビニュースで万能細胞についてのニュースが流れたのを見ました。このニュースは、京都大学医学部の山中教授の研究グループでマウスの皮膚から万能細胞（再生細胞）を造り出すことに成功した。神経細胞など難病を治すための細胞を、造り出す事に成功した。これから人間の細胞で研究を進めていくＥＳ細胞と違い、人の卵子から再生細胞を作り出さないため倫理的に問題はないだろうと言っていました。障害者の私にとっては、とても明るいニュースでした。早速今度の通院の時Ｏ先生にこのニュースの事を質問してみようと心に決めました。日々の食生活に気をつけながら、そして定期的に通院を続け「ぱあとなあ」で付けてもらっている血圧のデーターを2部持って通院したある日、O先生が「この血圧ならいいなあ」と言ってくれました。安定した血圧の数値を聞いて日々の食生活がどれだけ自分の体調に大切だったかを改めて感じ、今後も継続して気をつけることにしました。私は「ぱあとなあ」で素晴らしい健康管理支援を受けているのだと実感しました。

そして喫茶店「ふれんどり」で新メニュー商品を販売することになりました。その中で3つのカレーパンが仲間入りしました。カレーに目のない私にとっては最高のメニュー、全種類のカレーパンを食べてみました。私は油で揚げていないカレーパンなのでカロリーも低いと思い、昼ご飯後に毎日のように食べました。次第に血圧が少し上がりバラツキ始めました。これはやばいなあと思いましたが、好物のカレーパンの誘惑に負けて食べていました。ある日の朝リューさんが、「今朝の新聞記事見たかい」と言って就労部の部屋へ入ってきました。「見てない。どんな記事だい」と聞くと「秋田大学病院で磁気を使って動かない体の部分を動かし、リハビリするという記事よ」と教えてくれたので、後で見てみました。その記事によると、もしかすると私達の体が動くようになるかもしれないと就労部の仲間で話題になりました。通院の時、私はこのニュースを先生に聞いてみようと思いました。また私の身体が動くようになるなら先生に秋田大学を紹介していただこうかとも考えていました。その後の通院の日消化器科の先生より「少し前より血糖値が上がっている。食事療法を続けてください」と言って、手帳に血糖値の記録を記入してくれました。翌日「ぱあとなあ」に行き、Sア看護師さんに病院での事を報告しながら血糖値の書かれた手帳を見せると「血糖値が少し高くなっている、後で健康相談をしましょう」と言われました。Sア看護師さんが「お昼休みに健康相談やりましょう、医務室に来てください」とのことで昼休みに医務室へ行きました。「血糖値が前より上がってきているの、カレーパン毎日食べているんじゃあないでしょうね」と言ってきたので、「毎日食べてるわけじゃあない」と言うと、「昼ご飯カロリー計算して出していてもその後にカレーパン1個食べるから」と言われたので、「そんな事したら私のために厨房で昼ご飯作ってくれるのに失礼だからだめだよ」と私が言ったら「そうだよね」とSア看護師さんが言い、続けて「大学病院で身体治したいんでしょ、それなのにドロドロの血で身体を悪くしていたんじゃあ、病院の先生にそんな身体では、治療できないと言われたらどうするの」。そう言われたら以前O先生に「医療技術が進歩するまで健康な身体を作っていこうな」と言われた事を思い出し、Sア看護師さんの言うとおりですと反省しました。「ぱあとなあの中ではカレーパンを食べない。どうしても食べたい時はカレーパンを買って家に持って帰り、夕食でカレーパンを食べること」とSア看護師さんと約束しました。自分に甘い性格が出てしまい、もっと自分に厳しくいかなければ、障害者を抜け出したいと思っているのに、自分を甘やかして障害者を抜け出せない事になってしまうと心に言い聞かせました。今では「ふれんどり」のカウンターに並べられたカレーパンを横目で見ながら「我慢我慢」と心に言い聞かせ、横を通り毎日歩いています。障害者だからこそ自分に厳しく生活していかなければと気づかせてくれた私のカレーパンの出来事でした。

25　暖冬は、バリアフリー

いつもの雪の降る季節になると私達障害者仲間は冬眠状態に入ります。特に車いすの仲間は、家や施設から出られない状態です。去年の冬は大雪で寒く身動きできない状態でしたが、異常気象なのか平成19年の冬は、温暖化のため雪も少なく、私達には過ごしやすい冬になりました。寒いが雪が少ないところが良いのですが、どんなに平らな歩きやすい道路でも雪が積もるとわだちが出来、雪が踏み固められ氷のようになり、滑りやすくなる怖さはあります。こうなるとどんなにバリアフリー的な道でも最悪の道に変わってしまいます。毎年そんな最悪の道路になるのにその年の冬は道路に雪が少なく、「ぱあとなあ」の仲間も外出する機会が多くなっているように思えます。車いすでも「ぱあとなあ」の周りを動き回れますし、杖歩行での歩行訓練も出来ます。そのため私は、去年より楽に月に1度通院できました。病院は高台にあるため冬は吹雪で玄関先など凍りついて滑りやすく、介助していただかないと入っていけない時もありました。その年は、そんな事もなく安心して通院できました。「ぱあとなあ」のホームの仲間のショウさんもユウさんも、毎年冬は通院の時「ぱあとなあ」からタクシーの運転手に乗り降りの時の介助をしてもらい通院していました。しかしその年は自分でスムーズに出来、安心して通院していました。また朝「ぱあとなあ」に来ると仲間は「おはようございます。今日も雪が降らなくてよかった」「おはよう。今日も暖かくてよかったね」と明るく元気な朝の挨拶が響き渡る日が、数多く聞かれました。しかし暖冬といってもこの時期は冬ですから風は冷たく、寒い日が続き時には雪も降ってきます。降る量が少ないため雪も、お日様が出たり雨が降ったりすると解けて無くなってしまいます。地域で一番助かっているのは、道路の除雪と屋根の雪下ろしです。また「ぱあとなあ」の喫煙所は外にあり、屋根はあっても囲いがないため吹雪の時など雪の中でタバコを吸っている状態になりますが、愛煙家仲間は前年と違い、吹雪の中でタバコを吸わなくて済むと喜んでいます。そんな中で暖冬で雪が無いと困っている方もおり、「学校行事でスキー大会が中止になってしまった」と言っていた方もいました。ここ湯沢市の犬っこ祭りという行事も、雪が少ないため何処からか雪を集めて無事行なったようでした。同じように横手市でこのように暖冬で雪が少なく困る方もおりますが、雪が少ない事は雪国に住む全ての方に何らかのバリアフリーをもたらしているのだと私は思いました。暖冬で雪解けの早かったその年は雪解けした田んぼに、旅立ち準備の白鳥がせわしなく落穂を食べるため群れになって動き回っている光景を送迎の朝など見かけるようになってきました。私達仲間にとってもそれぞれの思い切ったアクションをとる年にしたいものです。

26　「ぱあとなあ」あれから2年

秋田県の南部にある湯沢市は、夏には七夕祭り、冬には犬っこ祭りの歴史があります。この湯沢市に複合施設「ぱあとなあ」が開所され、私が通所するようになり2年経ちました。初めは「就労」という所は何をすればよいのか手探り状態でした。ただ通所される仲間は、「ぱあとなあ」を利用する前は大分寂しさを経験したようで、真新しい環境で徐々に元気に明るくなっていました。作業中でも、慣れない作業を必死に覚えようと笑顔で頑張り、笑顔で励まし合い、笑顔で答えると自然に楽しい会話が弾み、誰でも仲良く楽しい毎日を送るようになりました。作業種類もいろいろ入り、そのたびに職員を含めて仲間で作業のやり方を勉強し、もっと作業がやりやすいようにと提案し合い、職員が作業の道具を工夫し、日々の作業のスキルを上げてきました。嬉しいことに作業能率がグーンと上がりました。就労へ仕事を依頼してくれる業者さんの評価もよく、この2年間仕事が切れる事はありませんでした。作業も順調で仲間もそれぞれ不安を抱えながらも自立しようと頑張り、それぞれの自立生活を送ってきました。職員の皆さんも就労部、介護部、デイサービス部と抱え私達仲間のために一生懸命動き回っていました。明るい「ぱあとなあ」にしていくため、大きな声で挨拶をしようと呼びかけ合い、朝から職員、仲間の元気な挨拶の響き渡る「ぱあとなあ」になり、自然と笑顔で会話が弾み「ぱあとなあ」に来ると仲間は皆元気になりました。また「ぱあとなあ」の職員は私達仲間のために、春は観桜、秋は紅葉狩りなど季節ごとの行事を中心に、毎月1回は計画して楽しませてくれました。よく「ぱあとなあ」就労部に、養護学校の生徒さんが実習に来てくれます。初めは緊張しているようで話もせず、ただ指導された作業を真剣にしているだけですが、普段と変わらず明るく会話しながら作業している私達仲間に徐々に慣れ、一緒に明るく会話しながら作業できるようになってきます。生徒さんの実習最後に、就労部で実習の反省会を行ないます。私達は、実習生について気づいた事や励ましの言葉を送ります。実習生は、「ぱあとなあ」で作業をした感想を述べていきます。その感想で、実習生は「ぱあとなあ」はとても明るく、毎日楽しかったと言ってくれます。中には「また『ぱあとなあ』に来たい、来ていいですか」と言ってくれる実習生もいました。その言葉を聞くと、嬉しくなってきます。就労作業を楽しくやらねば、能率も上がりません。楽しい会話は私達仲間の情報交換でもあります。しかし2年の間にそんな楽しい事ばかりではありませんでした。仲間それぞれ動かぬ体を抱えて辛い事もあったと思います。しかし、「ぱあとなあ」の玄関を入ると、何故か仲間は明るくなれるのです。それは就労部の仲間だけでなく、介護の仲間やデイサービスを利用される方々もみんな明るく元気だからなのです。就労作業をしていると、時として救急車がサイレンを鳴らして走って行く音が聞こえます。そのサイレンを聞くと、私が発病して障害者になった頃を思い出す。私も救急車に乗り、病院へ搬送された1人です。仲間にも何人か私と同じ病気を発病して病院へ搬送された人もいます。ここ県南部は障害者になる人が多く、私もその1人です。救急車のサイレンの音を聞くと「また俺達の仲間が増えたな」「それよりお前、また倒れるなよ」などと冗談言い合うこともあります。

そんな中で、国の政策で「障害者自立支援法」が成立し、職員も私達仲間も戸惑い、考えさせられた時期がありました。私達障害者の自立ってどんなものでしょう。自分の事は何でも出来るようになれば自立してると言えるのでしょうか。自立支援法では、経済的に自分でお金を稼ぎ、そのお金で生活していく事が障害者の自立と言っていますが、どちらも障害者個々の障害箇所や障害度によって難しい部分があります。それでも「ぱあとなあ」の仲間は家族の手を借り、ホームでは職員の手を借り、自分で出来る事を増やし、自立しようとしているのです。経済的自立では、わずかな障害者年金と就労作業で頂く作業工賃が私達の収入で、日々の生活を細々と送っているのが現状です。行動の自立では、夏ならそれぞれの力で自由に行動していますが、冬ともなると、ここ湯沢市は秋田県内でも一番の豪雪地帯であり、雪の上では足を使って歩けなければ冬の自立行動はとれない状態のため、杖歩行ですら大変です。当然車いすでは、行動できなくなってしまいます。私自身は自立できない部分もありますが、自分で判断して行動するという力を持っています。この力を生かして、私自身の自立の道を探していきたいと思いました。湯沢市にある「ぱあとなあ」に降る雪は多く、大変積もります。それにとっても寒く、障害者には辛い日々が約半年続きます。そんな冬を乗り越えてそして春がやって来ました。元気な仲間に新たに、愉快な仲間が加わり、話題も増え会話も弾み、楽しく作業をしています。喫茶店「ふれんどり」にも地域のお客さんが沢山来てくれるようになり、団体で「ぱあとなあ」を利用していただけるようになりました。いつまでも明るく、障害者仲間のオアシス的「ぱあとなあ」であり続け、そして地域の方々に愛される「ぱあとなあ」でありたいと思います。これから先も職員と愉快な仲間で「ぱあとなあ」の物語が続いていくことでしょう。

27　おわりに

このエッセイの中で（左、右、上肢、下肢）機能障害者という言葉を使いましたが、障害者区分の中にそういう区分はありません。私が仲間をわかりやすく紹介するため使いましたことをご理解ください。

エッセイの中で多数方言が出ましたことを、お詫びいたします。

皆様の障害者仲間へのご理解とご支援を、よろしくお願いいたします。

『「ぱあとなあ」の愉快な仲間たち（出会い編）』を読んでいただきまして、ありがとうございました。

読んでの感想をお聞かせいただければ、次の作品の参考にしたいと思いますので、ぜひ感想をお聞かせください、お願いいたします。

著者プロフィール
髙橋　宏作（たかはし　こうさく）
秋田県在住。

「ぱあとなあ」の愉快な仲間たち（出会い編）

2017年８月15日　初版第１刷発行
2020年12月20日　初版第２刷発行

著　者　髙橋 宏作
発行者　瓜谷 綱延
発行所　株式会社文芸社
〒160-0022　東京都新宿区新宿１－10－１
電話　03-5369-3060（代表）
03-5369-2299（販売）

印　刷　株式会社文芸社
製本所　株式会社MOTOMURA

ISBN978-4-286-18345-9